財務会計概説

岩﨑健久 著

税務経理協会

はじめに

　本書は，今日わが国の会計制度について，基礎的な会計理論を踏まえ，その概要を解説したものである。

　現在，グローバル，フリー，フェアな市場の形成を目指し，各国の会計基準も国際会計基準への統合・収斂が進むなか，わが国においても会計システムの抜本的な改革が始まっており，具体的な改革の流れは次のようである。

　平成11年4月1日以後開始事業年度より連結会計が本格的に導入され，個別及び連結ベースで税効果会計が導入された。平成12年4月1日以後開始事業年度からは，金融商品の時価会計，退職給付会計が導入されている。また，平成17年4月1日以後開始事業年度からは減損会計も強制適用されている。

　近年，商法も大きく改正され，会社の計算規定に関しては，商法施行規則が平成14年4月1日に施行し，大会社に連結決算が導入されるなど証取法会計に足並みをそろえるように商法会計も改革が行われている。

　以上のような状況を踏まえて，本書は，国際会計基準や米国会計基準も適宜みながら，具体的に次のような構成になる。

　まず，第1章では財務会計の意義及び制度，第2章では会計公準及び財務会計の基礎的諸概念，第3章では概念フレームワーク，第4章では一般原則を取り上げ，財務会計の総論について解説を行う。

　次に，第5章では財務諸表の構造について，具体的にはわが国の最新の貸借対照表と損益計算書を取り上げ，適宜設例も挙げながらその分析，検討を行う。

　そして，第6章では連結会計，第7章では税効果会計，第8章では金融商品会計，第9章では退職給付会計，第10章では減損会計，第11章ではリース会計，第12章では外貨換算会計を取り上げ，わが国における財務会計の重要であると考えられる各論について，適宜設例も挙げながら解説を行っていく。

帝京大学冲永荘一学主，冲永佳史学長，経済学部長の田辺裕教授，環境ビジネス学科長の橋田温教授，経済学研究科経営学専攻主任の柴川林也教授，横浜国立大学名誉教授・帝京大学経済学部前教授の大藪俊哉教授をはじめとして，帝京大学の諸先生にはいつもご指導を賜っている。前経済学研究科長の川崎昭典教授には，税法学・財政学を通じて，ご指導を賜った。

　加藤寛千葉商科大学学長・慶應義塾大学名誉教授には，博士論文の作成の時から様々な面において貴重なアドバイスをいただき，その後も公私にわたり，ご助言，ご指導を賜っており，言い尽くせないほどの恩恵を頂戴している。

　橋本晃和政策研究大学院大学教授には公私ともに，一方ならぬ恩恵を頂戴しており，著者は，橋本教授の研究哲学に大いに感銘を受け，現在，まぢかに先生のご指導を享受している。

　新日本監査法人の前身である監査法人太田昭和センチュリーの矢澤富太郎前会長，故長谷川定吉前理事長，新日本監査法人の代表社員である牧野藤厚先生，小川一夫先生，古谷伸太郎先生には会計学について，実務的，理論的な側面からご指導を賜った。

　著書の研究助手をお願いしている岩下仁氏には，本書の執筆にあたって，原稿の整理，校正等多大なご尽力をいただいた。

　本書の出版にあたり，税務経理協会の峯村英治氏，岩渕正美氏には，細部に至るまでいろいろとご指導をいただきました。

　この場を借りて，各氏に対し深く感謝し，心より御礼申し上げる次第である。

2005年4月

岩﨑　健久

目 次

はじめに

第1章 財務会計の意義及び制度

1 意　　　義 …………………………………………………………… 1
2 制　　　度 …………………………………………………………… 2
　(1) 商 法 会 計 ……………………………………………………… 2
　(2) 証取法会計 ……………………………………………………… 6

第2章 会計公準及び財務会計の基礎的諸概念

1 会 計 公 準 …………………………………………………………… 9
　(1) 企業実体の公準 ………………………………………………… 11
　(2) 継続企業の公準 ………………………………………………… 11
　(3) 貨幣的測定の公準 ……………………………………………… 12
2 財務会計の基礎的諸概念 …………………………………………… 12
　(1) 認識及び測定の定義 …………………………………………… 12
　(2) 取得原価主義（原価主義，原価基準）……………………… 12
　(3) 時価主義（時価基準）………………………………………… 13
　(4) 低価主義（低価基準，低価法）……………………………… 14
　(5) 費用収益対応の原則 …………………………………………… 14
　(6) 発 生 主 義 ……………………………………………………… 15
　(7) 実 現 主 義 ……………………………………………………… 16
　(8) 資産負債アプローチと収益費用アプローチ ……………… 18
　(9) 財産法と損益法 ………………………………………………… 19
　(10) 包括利益と純利益 ……………………………………………… 19

第3章 概念フレームワーク

1 FASBの概念フレームワーク …………………………23
(1) 概　説………………………………………………23
(2) 第1号「営利企業の財務報告の基本目的」………24
(3) 第2号「会計情報の質的特徴」……………………25
(4) 第5号「営利企業の財務諸表における認識と測定」………26
(5) 第6号「財務諸表の構成要素」……………………27
(6) 第7号「会計測定におけるキャッシュ・フロー情報及び
　　　現在価値の活用」…………………………………28

2 IASCの概念フレームワーク …………………………29
(1) 概　説………………………………………………29
(2) 財務諸表の目的，基礎となる前提及び財務諸表の質的特徴………30
(3) 財務諸表の構成要素………………………………31
(4) 財務諸表の構成要素の認識及び測定………………32

3 わが国の概念フレームワーク …………………………32
(1) 概　説………………………………………………32
(2) 財務報告の目的………………………………………33
(3) 会計情報の質的特性…………………………………33
(4) 財務諸表の構成要素…………………………………34
(5) 財務諸表における認識と測定………………………35

第4章 一般原則

1 企業会計原則の一般原則 ………………………………39
(1) 真実性の原則…………………………………………40
(2) 正規の簿記の原則……………………………………40
(3) 資本取引・損益取引区分の原則……………………41
(4) 明瞭性の原則…………………………………………41

⑸　継続性の原則 …………………………………………………42
　　⑹　保守主義の原則 ………………………………………………42
　　⑺　単一性の原則 …………………………………………………43
　　⑻　重要性の原則 …………………………………………………43
　2　**連結財務諸表原則の一般原則** ………………………………43
　　⑴　真実性の原則 …………………………………………………44
　　⑵　個別財務諸表基準性の原則 …………………………………44
　　⑶　明瞭性の原則 …………………………………………………44
　　⑷　継続性の原則 …………………………………………………45
　　⑸　重要性の原則 …………………………………………………45

第5章　財務諸表の構造

　1　**貸借対照表論** …………………………………………………47
　　⑴　概　　説 ………………………………………………………47
　　⑵　貸借対照表の表示 ……………………………………………48
　　⑶　資　産　会　計 ………………………………………………54
　　⑷　負　債　会　計 ………………………………………………75
　　⑸　資　本　会　計 ………………………………………………81
　2　**損益計算書論** …………………………………………………96
　　⑴　概　　説 ………………………………………………………96
　　⑵　費用・収益会計の基本原則 …………………………………97
　　⑶　費用・収益会計各論 …………………………………………98

第6章　連　結　会　計

　1　**概　　説** ………………………………………………………105
　　⑴　意義及び導入の経緯 …………………………………………105
　　⑵　連結基礎概念 …………………………………………………107
　　⑶　一　般　基　準 ………………………………………………109

2　連結貸借対照表 …………………………………………………… 114
- (1)　連結貸借対照表作成の基本原則 ……………………………… 114
- (2)　子会社の資産及び負債の評価 ………………………………… 117
- (3)　連結会社相互間の投資勘定の相殺消去 ……………………… 118
- (4)　少数株主持分の振替え ………………………………………… 119
- (5)　連結会社相互間の債権と債務の相殺消去 …………………… 120

3　連結損益計算書 ……………………………………………………… 121
- (1)　連結損益計算書作成の基本原則 ……………………………… 121
- (2)　少数株主損益の振替え ………………………………………… 123
- (3)　連結会社相互間の取引高の相殺消去 ………………………… 123
- (4)　未実現損益の消去 ……………………………………………… 123
- (5)　連結調整勘定の償却 …………………………………………… 124
- (6)　受取配当金の処理 ……………………………………………… 124

4　連結剰余金計算書 …………………………………………………… 125
- (1)　連結剰余金計算書作成の基本原則 …………………………… 125
- (2)　連結剰余金計算書の作成方法 ………………………………… 125

5　連結キャッシュ・フロー計算書 …………………………………… 127
- (1)　意義及び導入の経緯 …………………………………………… 127
- (2)　連結キャッシュ・フロー計算書の作成・表示方法 ………… 128

6　持　分　法 …………………………………………………………… 133
- (1)　意　　義 ………………………………………………………… 133
- (2)　関連会社の定義 ………………………………………………… 133
- (3)　適　　用 ………………………………………………………… 134

第7章　税効果会計

1　意義及び導入の経緯 ………………………………………………… 137
2　仕組みの概要 ………………………………………………………… 138
- (1)　法人税等調整額（損益計算書）………………………………… 138

	(2)	繰延税金資産・繰延税金負債（貸借対照表）……………………139
3	差異の種類 …………………………………………………………141	
4	将来減算一時差異 …………………………………………………141	
5	将来加算一時差異 …………………………………………………142	
6	連結会計固有の一時差異 …………………………………………143	

第8章 金融商品会計

1 導入の経緯 …………………………………………………………145
2 **金融資産及び金融負債の範囲**……………………………………146
3 **金融資産及び金融負債の発生及び消滅の認識** ………………148
  (1) 金融資産及び金融負債の発生の認識 …………………………148
  (2) 金融資産及び金融負債の消滅の認識 …………………………148
4 **金融資産及び金融負債の貸借対照表価額等**……………………150
  (1) 金銭債権及び有価証券 …………………………………………150
  (2) デリバティブ取引 ………………………………………………150
  (3) 金 銭 債 務 ………………………………………………………151
  (4) 設　　　　例 ……………………………………………………151
5 ヘッジ会計 …………………………………………………………152
  (1) 意　　　　義 ……………………………………………………152
  (2) 損益認識の時点 …………………………………………………153
  (3) 設　　　　例 ……………………………………………………156

第9章 退職給付会計

1 意義及び導入の経緯 ………………………………………………159
2 退職給付の概念……………………………………………………160
  (1) 定　　　　義 ……………………………………………………160
  (2) 性　　　　格 ……………………………………………………160
3 退職給付に係る会計処理 …………………………………………162

(1) 負債の計上額 ……………………………………………… 162
  (2) 退職給付費用の処理額 …………………………………… 164
  (3) 貸借対照表の表示 ………………………………………… 164
  (4) 設　　例 …………………………………………………… 168

第10章　減損会計

1　導入の経緯 …………………………………………………… 171
2　減損の概念及び現状 ………………………………………… 172
3　減損の認識及び測定 ………………………………………… 174
4　減損会計の対象となる資産 ………………………………… 176
5　資産のグルーピング ………………………………………… 176
6　のれんの取扱い ……………………………………………… 176
7　減損処理と減価償却 ………………………………………… 177
8　財務諸表における開示 ……………………………………… 177

第11章　リース会計

1　概　　説 ……………………………………………………… 179
2　リース取引の分類 …………………………………………… 180
3　ファイナンス・リース取引に係る会計処理 …………… 182
  (1) 原則的処理方法 …………………………………………… 182
  (2) 許容される処理方法 ……………………………………… 185
4　オペレーティング・リース取引に係る会計処理 ……… 186

第12章　外貨換算会計

1　概　　説 ……………………………………………………… 189
2　外貨建取引の処理 …………………………………………… 190
  (1) 外貨建取引の範囲 ………………………………………… 190
  (2) 取引発生時の処理 ………………………………………… 191

　　　　　　　　　　　　　　　　　　　　　　　　　　　目　次

　　⑶　決算時の処理 ……………………………………………191
　　⑷　為替予約の会計処理 ……………………………………194
　3　在外支店の財務諸表項目の換算 ……………………………195
　4　在外子会社等の財務諸表項目の換算 ………………………196

　参　考　文　献 ……………………………………………………199
　索　　　　　引 ……………………………………………………201

第1章

財務会計の意義及び制度

1 意 義

　会計とは，経済主体の営む経済活動を，情報を提供された者が適切な判断と意思決定ができるように，貨幣額により記録・測定し，その結果を報告する行為である。

　会計は，経済活動を営む主体別に分類できる。経済主体が個人の場合は家計，株式会社等の企業の場合は企業会計，国や地方自治体等の場合は公会計，国全体の場合は社会会計と呼ぶ。

　また，家計，企業会計，公会計のように国民経済を構成する個別の経済主体を前提とする会計をミクロ会計，社会会計のように国民経済全体を前提とする会計をマクロ会計と呼ぶ。

　ミクロ会計は，その経済主体が営利を目的とするものとしないものとに分けられ，営利を目的とする営利会計の典型が企業会計であり，営利を目的としない家計，公会計等が非営利会計である。

　企業会計は，さらにその報告する対象別に，財務会計と管理会計に分けることができる。財務会計とは，株主，債権者，取引先等の企業外部の利害関係者に対する会計情報の提供を目的とした会計であり，このことから外部報告会計と呼ばれることもある。具体的には，企業外部の利害関係者の意思決定に役立

つ会計情報として，企業の経営成績，財政状態及びキャッシュ・フローの状況を明らかにすることを目的とし，利害関係者への報告は損益計算書，貸借対照表及びキャッシュ・フロー計算書を中心とした財務諸表を用いて行われる。

一方，管理会計は，経営者や経営内部の管理者に対して会計情報の提供を目的とする会計であり，それらの利害関係者の経営意思決定や業績評価等に役立つ情報を報告することを目的とするもので，その報告対象が企業内部のマネジメントであるところから内部報告会計と呼ばれることもある。

さて，財務会計は，企業会計原則等の慣習規範はもとより，商法，法人税法，証券取引法等の制定法規範によって規制がなされている。つまり，会計慣習にゆだねる方式と，会計行為の規範を法律に組み込む方式により，財務会計は社会的に規制を受けることになる。このように，社会的な規制のもとで行われる会計を制度会計と呼ぶ[1]。

なお，この制度会計に対して，情報会計といわれるものがある。財務会計と管理会計を関連させながら，制度会計と情報会計についてみてみると，制度会計は財務会計の一部であり，情報会計は財務会計の一部（非会計制度と呼ぶ）と管理会計の全部を含むといえる[2]。

2 制　　度

わが国の商法，証券取引法の制定法規範によって規制される制度会計についてみていく。

(1) 商法会計

商法にもとづく会計は，一般に商法会計と呼ばれている。商法会計は，債権者保護を主目的としている。株式会社は，株主から出資を受け，それを管理・運用する組織体であるが，株主は出資額を限度として有限責任を有する。よって，会社の債権者に対する担保は会社資産のみであり，この担保資産を確保することが商法会計の主たる目的となる。

第 1 章 財務会計の意義及び制度

　財務会計の機能には，代表的なものとして，利害調整機能と情報提供機能がある。商法会計では利害調整機能が重視されることになる。利害調整機能とは，企業情報が企業の利害関係者間，特に債権者と株主のコンフリクトの解消に果たしている重要な役割をいう。情報提供機能とは，利害関係者，特に投資者が株式や社債等の購入に関して行使する判断，つまり投資意思決定に資する重要な役割をいう。

　商法会計の主な課題は，債権者保護のための債権担保力の保全と，株主保護のための受託資本の管理・運用状況の開示の2つである。1つ目の債権担保力の保全は，最終的には配当可能利益の限度額計算規定に集約され，2つ目の受託資本の管理・運用状況の開示は，商法施行規則を通じて実現されるといえる。

　一般に，株式会社における貸方持分は，債権者持分と株主持分とに区分される。株主持分権者である株主は，株主総会を通じて自己の意思を反映させることができ，出資額を限度とした有限責任を負担するだけで足りる。一方，債権者持分権者である債権者は，株主に比べて相対的に弱い立場に立たされている。

　そこで，商法では，株主と債権者間の利害調整あるいは成果配分支援が問題となり，債権者の保護を基本原則としている。債権者を保護するために考え出されたものが，配当可能利益の限度額を確定する措置（配当規制）である。つまり，貸借対照表能力の問題と関連する。

　しかし，ここ数年の商法改正において，利害調整機能を重視する立場から情報提供機能の充実へと転換が図られているとみることができる。金庫株の解禁，法定準備金の積立規制緩和，リース資産の取扱い，税効果会計導入に伴う繰延税金資産の出現等により，株主に認められた有限責任の代償としての債権者保護，資産の担保力としての資産の範囲と金額の決定，そして資産の流出を防ぐための配当可能利益の限度額の確定という利害調整機能が後退しつつあるといえる[3]。

　商法に従って作成される貸借対照表，損益計算書，営業報告書及び利益処分案または損失処理案（以下，「計算書類」と略す）並びにその附属明細書（以下これを含めて，「計算書類等」と略す）は，従来，処理規定は商法の総則規

定及び会社の計算規定にもとづき,表示規定は「株式会社の貸借対照表,損益計算書,営業報告書及び附属明細書に関する規則」(以下,「商法計算書類規則」と略す)に従って作成されていた。

　平成13年,それまで商法自らが内包していた資産の評価や負債の計上等の決算の内容に関する規定等,会社の計算規定や計算書類の計算方法を商法本文から外し,法務省令に委任する(商法281条5項)改正が行われ,商法計算書類規則が全面的に廃止,商法施行規則(平成14年4月1日施行)が新設された。商法施行規則は,その後,「商法等の一部を改正する法律」により,財産価額の評価方法等の規定が同規則に委任され,連結計算書類制度,委員会等設置会社制度等が導入されたことに伴い,数回改正されている(平成15年4月1日及び同年9月25日施行)。

　商法会計における利害調整機能の目玉の1つである配当可能利益の計算についても,商法290条(期末配当)及び同法293条ノ5(中間配当)にて基本的な規定を置くにとどめ,自己株式や自己株式の処分損益,資産の時価評価による評価差益,繰延資産の法定準備金超過額等の細目については,商法施行規則にて定めることになったのである[4]。

　具体的には,平成14年の商法改正において,本法より資産評価の規定(流動資産の評価,商法285条ノ2,285条ノ4,285条ノ6),のれんの評価規定(同法285条ノ7),繰延資産の規定(同法286条,287条,291条4項),引当金の規定(同法287条ノ2),開業費及び開発費の配当規制並びに時価評価に伴う評価益の配当規制(同法290条1項4号及び6号)が削除され,これらの規定は商法施行規則に移行された。なお,自己株式取得,ストック・オプション制度の導入に伴う配当規制は,平成13年10月1日施行の改正商法において削除された。

　資産の評価の現行規定についてもう少しみてみる。まず,商法34条において,流動資産,固定資産及び金銭債権の評価の規定があるが,同法285条において,「会社ノ会計帳簿ニ記載又ハ記録スベキ財産ニ付テハ第34条ノ規定ニ拘ラズ法務省令ノ定ムル所ニ依リ其ノ価額ヲ付スルコトヲ要ス」とあり,株式会社の資産評価については,総則規定である商法34条の規定に代わって,商法施行規則

第1章 財務会計の意義及び制度

に委任されることとなっている。商法施行規則の第3章において，27条から33条にかけて，流動資産，固定資産，金銭債権，社債その他の債券，株式その他の出資，そしてのれんの評価についての規定がある。

また，商法290条の利益の配当規定において，4号(その他法務省令に定むる額)を新設したことは，商法本法の対象が連結財務諸表を作成しない会社を規定することの現れとみることができる(後述するように，平成15年4月1日より，商法会計においても大会社に対しては連結計算書類の作成が義務づけられている)。時価評価に伴う評価益に配当規制をする290条1項6号を商法施行規則に移行したことは，商法本法は，連結財務諸表を作成しない会社を中心とする単体の利害調整機能に，商法施行規則は連結の情報提供機能へと棲み分けを図ったものであり，第2項でみることになるIASB基準（IFRS）に迅速に対応しようとする現れであると解釈できるといえる[5]。

計算書類等は定時株主総会に提出されるが，提出に際し，監査役の監査（大会社については，株式会社の監査等に関する商法の特例に関する法律（以下，「商法特例法」と略す）により，監査役の監査及び会計監査人の監査）を受ける必要がある。大会社にあっては，監査役の全員で監査役会を組織しなければならないことになっている（商法特例法18条の2・1項）。

大会社については，計算書類等に加えて連結計算書類（連結貸借対照表及び連結損益計算書）を作成することとなり（商法特例法19条の2・1項），計算書類等と同様に取締役会の承認を受け（同2項），監査役及び会計監査人の監査を受けた後（同3項），定時株主総会で報告しなければならないことになった（同4項）。連結計算書類の記載方法等その細目も商法施行規則に規定がある。

商法における連結会計の導入も，情報提供機能の充実への転換の1つの表れであるといえる。連結財務諸表制度は証券取引法において既に強制適用されることとなっているが，これはまさに情報提供機能の視点からのもので，商法会計が証取法会計に歩調をあわせてきている流れとみることができる。

また，大会社等から構成される委員会等設置会社については，執行役が計算書類等及び連結計算書類を作成し，取締役会に設けられた監査委員会及び会計

監査人の監査を受け，取締役会の承認を受けなければならないことになった（商法特例法21条の26・1項，4項，21条の32・1項～3項）。みなし大会社は連結計算書類を作成する必要はない。

商法上，株式会社を大会社，中会社，小会社に分けている。大会社とは，資本金が5億円以上，または負債の合計金額が200億円以上の会社である。小会社とは，資本金が1億円以下かつ負債の合計金額が200億円未満の会社である。中会社は，大会社，小会社以外の会社である。

みなし大会社とは，資本金が1億円超の大会社に該当しない株式会社で，監査等に関する特例規定（ただし，連結規定を除く）の適用を受けることを定款で定めている会社をいう。

委員会等設置会社とは，大会社またはみなし大会社で委員会等設置会社の特例の適用を受けることを定款で定めている会社をいう。委員会等設置会社は平成15年4月施行の改正商法で採用することを選択できるようになったもので，米国をモデルとする新しい企業統治（コーポレートガバナンス）の仕組みで，取締役会のなかに，社外取締役を主体とした指名，監査，報酬の3つの委員会を置かなければならない。

また，この制度では執行役を置き，日頃の業務執行はこの執行役が担当し，取締役会は監督に徹し，執行と監督が分離されている。よって，代表取締役制度は廃止され，代わりに代表執行役制度が導入されたことになる。

上記の3つの委員会を設けるため，監査役を置くことはしない。監査委員会は監査役制度に代わるもので，取締役会及び執行役の職務執行の監査，株主総会に提出する会計監査人の選任及び解任並びに会計監査人を再任しないことに関する議案の内容の決定権限を持つ。監査委員会の構成委員を監査委員と呼ぶ。

(2) 証取法会計

証取法会計とは，投資者保護のため，会社の業績利益の算定を主目的とし，証券取引法，証券取引法施行令，企業内容等の開示に関する省令，連結財務諸表の用語，様式及び作成方法に関する規則（以下，「連結財務諸表規則」と略

す）及び財務諸表等の用語，様式及び作成方法に関する規則（以下，「財務諸表等規則」と略す）等にもとづく会計をいう。証取法会計では，当然，情報提供機能ないしは意思決定支援機能が重視されている。

　証券取引法により作成される財務諸表（財務計算書類）は，その処理において連結財務諸表原則，企業会計原則にもとづき，その表示においては連結財務諸表規則，財務諸表等規則等に従って作成され，その財務諸表は財務大臣に提出され，その写しは証券取引所または証券業協会に提出される。また，財務諸表をそれらに提出する際は，公認会計士または監査法人の監査証明を受けなければならない。

　証券取引法によるディスクロージャー制度には，有価証券届出書（発行市場におけるディスクロージャーの手段）及び有価証券報告書（流通市場におけるディスクロージャーの手段）の制度，開示情報の公衆縦覧制度（情報の非対称性によって被る不利益からの投資者の保護），そして証取法監査制度との関連において確保されているといえる。

　ちなみに，平成16年6月1日以降，有価証券届出書，有価証券報告書及び半期報告書は，インターネット上（システムは「ＥＤＩＮＥＴ：Electronic Disclosure for Investors' NETwork」，エディネットと呼ばれる），原則，電子開示されている。一方，有価証券報告書の縮小版は平成16年度から販売廃止となっている。

　ここで，わが国の会計基準の設定主体について簡単に説明する。証券取引法では，従来パブリック・セクターとして，旧大蔵大臣の諮問機関である企業会計審議会により会計基準が制定されてきたが，平成13年8月7日にプライベート・セクターとして「企業会計基準委員会」が発足し，その運営母体としての「財団法人財務会計基準機構」が同年7月26日に設立された。企業会計審議会は平成15年10月31日公表の「企業結合に係る会計基準の設定に関する意見書」を最後に会計基準設定の使命が終わっている。

　つまり，わが国においても，官主導から民間主導に会計基準の設定主体が移行されたことになる。国際的にみれば，会計基準の設定主体は従来より民間機

構であり，国際会計基準審議会（International Accounting Standards Board，以下，「ＩＡＳＢ」と略す，その前身は国際会計基準委員会（International Accounting Standards Committee，以下，「ＩＡＳＣ」と略す））や，財務会計基準審議会（Financial Accounting Standards Board，以下，「ＦＡＳＢ」と略す）が相当する。

注

1） 加古宜士『財務会計概論』中央経済社，1999年，4頁参照。
2） 中村忠編『財務会計の基礎知識（第2版）』中央経済社，1998年，5－6頁。
3） 田中久夫編『逐条解説・改正商法施行規則』税務経理協会，2003年，20－21頁参照。
4） 居林次雄『改正商法重点逐条解説』税務経理協会，2002年，15頁。
5） 広瀬義州「連結会計制度と配当可能利益算定機能」『企業会計』（Vol.55 No.1），2003年，52頁参照。

第2章

会計公準及び財務会計の基礎的諸概念

1 会計公準

　現行の企業会計を支えるわが国の理論的構造は，上部構造，中間構造及び下部構造の3つから成り立っている[1]。まず，下部構造は，財務会計の理論的及び実践的な基礎構造を示す枠組みであり，会計の計算構造的前提または会計行為の基本的目標を示し，この部分を構成する諸概念を会計公準と呼ぶ。つまり，会計公準は会計を成立させるための基礎的な前提であり，一般に会計原則または会計基準及び会計手続を導き出すためのものといえる。

　中間構造は，このような会計公準にもとづいて，企業会計の具体的な行為規範または行動指針を示すものであり，この部分を構成する諸概念を会計原則または会計基準と呼ぶ。

　上部構造は，このような会計公準及び会計原則に支えられた企業会計行為の具体的な方法，技術または手続を示すものであり，この部分を構成する諸概念を会計手続と呼ぶ。

　これらの3つの理論的構造以外に概念フレームワークと呼ばれるものがある。わが国では，平成16年7月に討議資料『財務会計の概念フレームワーク』が企業会計基準委員会（基本概念ワーキング・グループ）により公表され，概念フレームワークを構築しつつあるが，アメリカでは会計基準設定主体であるFA

SBにより「財務会計諸概念に関するステートメント（Statements of Financial Accounting Concepts, 以下「ＳＦＡＣ」という）が諸外国に先駆けて公表され，引き続き，このFASBの概念フレームワークを踏まえる形でIASCより「財務諸表の作成及び表示に関するフレームワーク」が公表され，既に概念フレームワークが構築されている。

概念フレームワークとは，法律を制定する場合のフレームワークである憲法と同様に，会計基準の設定にあたり，合憲か違憲かを判断するための標準であり，いいかえれば会計基準を設定するための基準であるといえる。ＧＡＡＰまたはＧＡＩＡＰ（generally accepted international accouting principles, 一般に認められた国際的な会計原則）は，会計公準からではなくこの概念フレームワークにもとづき設定されている[2]。

ＦＡＳＢによれば，概念フレームワークとは，「首尾一貫した会計基準を導き出すと考えられ，かつ財務会計及び財務報告の性格，機能及び限界を規定する相互の関連する基本目的並びに根本原理の整合的な体系」であると定義され，会計に関する「一種の憲法である」とされている[3]。

ＩＡＳＣによれば，概念フレームワークは，外部の利用者のための財務諸表の作成及び表示の基礎をなす諸概念を述べたもので，国によって社会，経済及び法律上の環境が異なること，並びに各国が国内の基準を設定するときに財務諸表の利用者の異なる要求を考慮することから，それぞれに差異がみられ，これらの差異を狭めることをその責務として構築されたものである。つまり，ＩＡＳＣは，財務諸表の作成及び表示に関係する規則，会計基準及び手続の調和に努めることにより，経済的意思決定に有用な情報を提供するために作成される財務諸表に焦点を当てているといえる[4]。

この概念フレームワークは，わが国の企業会計原則のモデルとなった，サンダース・ハットフィールド・ムーアによる『ＳＨＭ会計原則』，ペイトン・リトルトンによる『会社会計基準序説』といった「古典的な概念フレームワーク」に変わるものとして登場したものとみることもできる[5]。

本節ではこの理論的構造のなかで，下部構造である会計公準について簡単に

みていく。中間構造については、例えば、一般原則、取得原価主義、費用収益対応の原則等が挙げられ、また上部構造については、例えば、固定資産の減価償却、棚卸資産の原価配分等の会計手続が挙げられる。

会計公準には、典型的かつ一般的な会計公準として、企業実体の公準、継続企業の公準、そして貨幣的測定の公準の3つが挙げられる[6]。

(1) 企業実体の公準

企業実体の公準とは、出資を受けた企業が出資者から独立して、企業に関するものだけを記録・計算するという前提である。つまり、所有と経営の分離のもとに、企業という経済主体を、企業会計上、その所有者とは別個のものとするという考え方である。

この公準は、企業会計の技術的な構造を形成する複式簿記機構の成立のために不可欠な概念で、資産はすべて企業に帰属する資産で、一方負債もすべて企業に帰属する負債であり、よって資本はすべて企業に帰属する資本ということで、これは、企業資産＝企業負債＋企業資本という等式が成立することを意味する。

ところで、この企業実体という概念は、通常、法人格を賦与されたいわゆる対外的権利義務の主体を指すことが多い。つまり法的実体を指すわけであるが、連結決算制度の導入等にみられるように、近年では、経済的な観点から、1つの企業集団として認めることができる場合には、このような経済的実体を企業実体と捉える必要性が生じてきている。

(2) 継続企業の公準

継続企業の公準とは、企業は解散や倒産等の事態を予定することなく、半永久的に継続するという前提である。よって、この公準のもとでは、企業に対して、企業の全存続期間を人為的に定めた一定の会計期間に分割し、定期的に利害関係者に対し会計情報を報告することを要請するものである。つまり、この公準は、企業会計の計算構造における、いわば時間的限定をなす公準を意味す

る。

(3) 貨幣的測定の公準

　貨幣的測定の公準とは，会計行為たる記録・測定及び伝達のすべてが，貨幣額により行われるという前提である。つまり，統一的な測定尺度として貨幣数値が用いられることにより，企業に属する種々雑多な財貨も，統一的に記録・測定・伝達されることが可能となるわけである。

　なお，この公準は，貨幣価値一定の公準とは別の概念である。貨幣価値一定の公準は，貨幣的測定の公準から派生した公準であるが，これは，取得原価主義会計または名目資本維持の前提となるもので，わが国の現行の制度会計はこの公準が前提とされている。しかし，物価変動会計等は，貨幣の価値は絶えず変動していることを前提とした新しい会計であり，この場合貨幣価値一定の公準は前提とはならないが，貨幣的測定の公準は基本的前提となっている[7]。

2 財務会計の基礎的諸概念

(1) 認識及び測定の定義

　わが国の討議資料『財務会計の概念フレームワーク』によれば，次のように定義されている。

　財務諸表における認識（recognition）とは，構成要素の定義を満たす諸項目を財務諸表の本体に計上することをいう。

　財務諸表における測定（measurement）とは，財務諸表に計上される諸項目に貨幣額を割り当てることをいう。

(2) 取得原価主義（原価主義，原価基準）

　資産を評価する基準の基本的なものとして，取得原価主義と時価主義があり，前者は資産評価の基礎を企業と外部者との取引において実際に成立した価額に

求めようとするものであり，後者はこれを現在の市場価格に求めようとするものである[8]。この他に，取得原価主義と時価主義の選択基準としての低価主義がある。低価主義とは，取得原価と時価を比較していずれか低い方を選択する考え方である。

　資産の評価については，貸借対照表原則（以下，「B／S原則」と略す）五の規定により，現行企業会計では，原則，取得原価主義がとられている。ここに，取得原価主義とは，資産の評価の基礎をその資産を取得するために実際に要した支出額とする考え方であり，見方を変えれば，当該資産を保有している限り，未実現利益すなわち処分可能な資産の裏づけを欠く収益を計上しないという考え方である。

　また，B／S原則五では，費用配分の原則（原価配分の原則）を規定している。費用配分の原則とは，取得原価を費消原価と未費消原価とに期間配分する考え方である。

　ちなみに，IASCの概念フレームワークでは取得原価会計にもとづくことを基本とし，「過去・原価情報思考」が根底にあるといえる[9]。

(3) 時価主義（時価基準）

　時価主義とは，資産評価の基礎をその資産の時価とする考え方である。時価としては，現在の購入市場の価格を基礎とした取替原価（再調達原価）や，現在の販売市場の価格を基礎とした純実現可能価額（正味実現可能価額）が用いられる。静態論の時価主義では，その時価として売却時価が用いられる。

　有価証券のなかの売買目的有価証券及びその他有価証券で時価があるものの貸借対照表価額に時価主義が採用されている。

　ちなみに，概念フレームワークは時価会計導入に際して，会計理論に匹敵する役割を果たしているが，特にFASBの概念フレームワークでは時価主義の傾向が強くみられ，「未来・時価情報思考」に重点が置かれているといえる[10]。

(4) 低価主義（低価基準，低価法）

　低価主義とは，前述したように，原価と時価を比較していずれか低い方を資産の評価額とする考え方である。低価主義の論拠は，低価基準の適用により生ずる評価損を販売損失の予見計上とみて保守主義の思考に求めるものと，資産の時価下落は資産の持つ有用性または回収可能性がなくなった現れとみて，その喪失部分を当期の費用に配分し，残留有用原価または回収可能原価のみを翌期に繰り越すべきであるという原価配分の考え方に求めるものとがある。

　低価主義において，原価と比較すべき時価は，取替原価（再調達原価）と純実現可能価額（正味実現可能価額）である。また，低価主義において，時価と比較すべき原価は，切放し法による原価と洗替え法による原価とがある。わが国においては，棚卸資産で時価のあるものの貸借対照表価額に低価主義を選択することが認められている。

　国際会計基準では，棚卸資産に対して低価主義を適用することになっており，原価と正味実現可能価額のうち，いずれか低い額で計上する。ＦＡＳＢでは，棚卸資産の有用性が原価より低下した場合には，その損失を時価（再調達原価）によって把握し，評価減することになっている。

(5) 費用収益対応の原則

　収益とは企業活動により生み出される成果であり，費用とはその成果獲得のために犠牲となった努力であるといえる。この両者を対応させようとする概念は，収益と費用との間に因果関係を見出し，成果と努力を対比して，正味成果を把握するために期間損益計算を行っていこうという思考を有しているといえる。

　この考え方は，企業会計原則においても，損益計算書原則（以下，「Ｐ／Ｌ原則」と略す）一及び同一Ｃの「費用及び収益は，その発生源泉に従って明瞭に分類し，各収益項目とそれに関連する費用項目とを損益計算書に対応表示しなければならない」に示されている。

第2章　会計公準及び財務会計の基礎的諸概念

　費用収益対応の原則とは，当期の実現収益に対応するものとして期間費用を捉え，両者の差額である期間利益が正味成果としての性格を持つことを規定する原則である。この原則の役割は，実現主義の原則により期間収益を決定し，発生主義の原則により認識された費用のなかから期間費用となるものを決定することである。

　次に，収益と費用との対応関係を認識するための方法についてみてみると，この対応は，商品・製品等の売上収益を基本として行われるが，この場合の対応には2つあり，個別的対応（直接的対応とも呼ばれる）と期間的対応（間接的対応とも呼ばれる）がある。

(6) 発生主義

　費用の認識には発生主義の原則が採用されている。発生主義とは，費用を発生の事実にもとづき認識することをいう。発生の事実とは，企業に投下された財貨または用役が，収益を生み出すために費消され，またはその価値を減少させていく過程をいう。このように，発生主義の発生の範囲には，財貨または用役の価値減少事実の発生のみとみる狭義のものと，価値減少事実の発生のみならず，価値減少原因事実の発生をも含むとする広義のものがある。

　例えば，製品保証引当金等の繰入は，財貨または用役の価値減少事実が発生していないにもかかわらず費用として認識するが，狭義の発生の立場にたつと，これは発生主義ではなく，前述した費用収益対応の原則によるものと考えられる。

　制度会計上，できるだけ期間的な経営成績を反映させるため，費用の認識には発生主義が採用されている。

　一方，収益の認識には一般にはこの発生主義は採られない。収益の発生事実を考えてみると，それは，企業に投下された財貨または用役が，企業活動の進行につれてその価値を増加させていく過程をいうが，この場合，収益はかなり恣意的にまたは主観的な見積りにもとづいて計上され，一般原則にある保守主義の原則にも反するものであるといえる[11]。よって収益の認識には，より厳格

な原則である実現主義が採られる。

　ちなみに，IASCの概念フレームワークのなかで，基礎となる前提として，継続企業とともに発生主義が述べられている。具体的には，「これらの目的を満たすために，財務諸表は発生主義会計にもとづいて作成される。……（中略）発生主義にもとづく財務諸表は，過去の取引その他の事象について，経済的意思決定を行う利用者にとって最も有用な種類の情報を提供する。」とあり，IASC，そしてIASBには徐々に時価会計への傾斜がみられるものの，発生主義，取得原価主義の思考が根底にあるとみることができる。

(7) 実現主義

　収益の認識には，一般に実現主義の原則が採用されている。実現主義とは，収益を実現の時点で認識することをいう。実現とは，企業外部の第三者に対する財貨または用役の提供と，その対価として現金または売上債権等の貨幣性資産の取得という2つの要件が成立することをいう。一般的に実現の時点は，商品または製品の販売時点ということになり，具体的には，実現主義は販売基準として適用されることになる。

　実現主義には，その内容及び適用範囲の観点から，販売基準のように今みた2つの要件を満たしたもののみを収益に計上するという狭義の実現主義と，工事進行基準や生産基準等のように，実現が保証されているものまでを含み，制度上認められている収益認識のすべてとする広義の実現主義がある。

　さて，このように実現主義を損益計算に導入するのは，とりわけ収益計上に対して，客観性と確実性を付与しようという考え方が根底にあると考えられる。この客観性と確実性は，発生主義による収益計上に制限を課すものである。

　収益の発生により収益を認識するというのが発生主義であるが，多数の利害関係者が存在する企業会計においては，収益額にはより高度な客観性が要求され，金額の測定に恣意性が入る余地のある発生主義は，制約を受けなければならないといえる。また，発生主義により収益を認識しても，将来その収益がその企業の成果として獲得されるか否かは不確実であり，翌期以降になり収益が

消滅する危険性も大いにある。よって，損益計算に確実性をもたせる意味からも，発生主義による収益の認識は制限されるのである。

実現主義と取得原価主義の関係を取り上げてみたい。

取得原価主義とは，資産の測定は取得原価で行うとともに，費用化されたときの費用額も，取得原価により測定されることを意味する。貸借対照表は，あくまでも損益計算の結果として各項目の金額が決定されるものであり，個々の財の経済的価値を測定して評価するものではない。仮に評価替えをすれば，その際生ずる評価益は未実現利益であり，よって取得原価主義を貫くことは未実現利益を計上しないこと，すなわち実現主義を意味することになる。このように，実現主義と取得原価主義は表裏一体の関係にあるといえる。

有価証券のなかで売買目的有価証券及びその他有価証券に対し時価主義が採られているが，これは従来の実現概念を拡張し，実現可能概念を採用するものであるといえる。実現可能概念についてはＦＡＳＢの概念フレームワーク第5号，第6号に述べられている。

「実現とは，最も厳密には，非現金的資源及び権利を貨幣に転換するプロセスを意味し，また，会計及び財務報告においては，資産を販売して現金または現金請求権を得ることを意味するものとして最も厳密に用いられる。」とある[12]。

また，「収益及び利得の認識指針をもっと厳密に設定しようとする目的は，収益及び利得が認識される前にそれらの存在の事実と金額をある程度まで確実なものにしておこうとするものである。企業の一会計期間中の収益及び利得は，一般に，資産（財貨または用役）または関連する負債の交換価値によって測定され，認識にあたっては，しばしば，一方の要件が重視されたり，また，他方の要件が重視されたりすることがあるとはいえ，(a)実現したまたは実現可能及び(b)稼得される，という2つの要件を考慮することが必要である。」とあり，実現可能という用語がでてくる[13]。

「実現可能な成果」は，現金あるいはその同等物への転換が容易である成果（あるいは容易になった成果）として意味づけられることが多いが，こうした

解釈の「実現可能な成果」の典型例は、いわゆる「その他有価証券」であるといえる[14]。

しかし、現行の企業会計制度において含み益等の保有利益を実現利益とみなすためには、評価時点の利益が売却利益（実現利益）と同一の性質を持っている利益であることを論証する必要があり、むやみに実現基準を拡張し、取得原価主義の枠組みを超えることは慎重にすべきであるといえる[15]。

(8) 資産負債アプローチと収益費用アプローチ

FASBが昭和51年に公表した『FASB討議資料財務会計および財務報告のための概念フレームワークに関する論点の分析：財務諸表の構成諸要素とその測定』（以下、『1976年討議資料』と略す）では、「連携した財務諸表における2つの利益測定アプローチ」として、資産負債アプローチと収益費用アプローチが提示されている。つまり、資産・負債中心観と収益・費用中心観の2つの利益観を示し、この2つの利益観を対比させている。

資産負債アプローチとは、利益を一会計期間における営利企業の正味資源の増分とみなし、資産・負債の増減額にもとづいて定義する考え方をいう。一方、収益費用アプローチとは、利益を利潤を得てアウトプットを獲得し販売するためにインプットを利用する際の企業の効率性の測定値とみなし、一会計期間の収益と費用の差額にもとづいて定義する考え方をいう。

つまり、資産負債アプローチによった場合の収益と費用の定義は次のようになる。収益とは、増資その他資本取引以外の取引によって資本（期末純財産）を増加させる原因となる事実をいい、費用とは、収益を生み出すための努力として増資その他の資本取引以外の取引によって資本（期末純財産）を減少させる原因となる事実をいう。

また、収益費用アプローチによった場合の収益と費用の定義は次のようになる。収益とは、財貨の販売または用役の提供といった企業の経済活動により獲得した経済対価すなわちアウトプットをいう。費用とは、財貨の販売または用役の提供といった企業の経済活動のための価値犠牲すなわちインプットをい

う[16]。

(9) 財産法と損益法

利益の算出方法には損益法と財産法と呼ばれる2つの系統がある。

期末資本－期首資本＝当期純利益（または当期純損失）

この計算方法は，一般に財産法（または資本比較法）と呼ばれる。財産法は，貸借対照表におけるストックとしての資本の金額を期首・期末の2時点間で比較し，期中の営業活動によって増加した資本の純増価額（純減少額）をもって当期純利益（当期純損失）を計算するものである。

収益総額－費用総額＝当期純利益（または当期純損失）

この計算方法は，一般に損益法と呼ばれる。損益法は，一定期間に発生した収益の総額から同じ期間に発生した費用の総額を差し引いて当期純利益（または当期純損失）を計算するものである。

複式簿記では，以上のような2つの方法に従って，当期純利益が二面的に計算され，この2つの方法の計算結果は必ず一致する[17]。

(10) 包括利益と純利益

前述した資産負債アプローチと収益費用アプローチによる利益観に対応してそれぞれ包括利益と純利益という2つの利益概念がある。

包括利益の概念を初めて提示したのは，FASBによるSFAC第3号「営業利益の財務諸表の諸要素」であり（SFAC第3号は第6号に改訂される），その後，FASB財務会計基準（FAS）第130号「包括利益の報告」が公表された。

包括利益（comprehensive income）とは，特定期間における純資産の変動額のうち，報告主体の所有者である株主，子会社の少数株主，及び将来それらになりうるオプションの所有者との直接的な取引によらない部分をいう。直接的

な取引の典型例は，親会社の増資による親会社株主持分の増加，いわゆる資本連結手続を通じた少数株主持分の発生，株主持分となるかどうかが不確定な新株予約権の発行等である。

　純利益（net income）とは，特定期間の期末までに生じた純資産の変動額（報告主体の所有者である株主，子会社の少数株主，及び将来それらになりうるオプションの所有者との直接的な取引による部分を除く）のうち，その期間中にリスクから解放された投資の成果であって，報告主体の所有者に帰属する部分をいう。純利益は，純資産のうちもっぱら資本だけを増減させることになる。純利益は，稼得利益と累積的影響額に分類される。

　企業の投資の成果は，投下した資金と回収した資金の差額にあたるネット・キャッシュ・フローであり，各期の利益の合計がその額に等しくなることが，利益の測定にとって基本的な制約となる。包括利益と純利益はともにこの制約を満たすが，このうち純利益はリスクから解放された投資の成果であり，それは一般に，キャッシュ・フローの裏づけが得られたか否かで判断される。

　純利益は，収益から費用を控除した後，少数株主損益を加減して求められる。ここでいう少数株主損益とは，特定期間中にリスクから解放された投資の成果のうち，子会社の少数株主に帰属する部分をいう[18]。

　次に，包括利益と純利益との関係をみてみよう。

　包括利益のうち，①投資のリスクから解放されていない部分を除き，②過年度に計上された包括利益のうち期中に投資のリスクから解放された部分を加え（リサイクル），③少数株主損益を控除すると，純利益が求められる。

　②の処理に伴う調整項目と，①の要素をあわせて，その他の包括利益と呼ぶこともある。リサイクリングとは，未実現利益として表示されたものを実現した段階で実現損益へ振り替える処理をいう[19]。

　簡単に，包括利益と純利益の関係を算式で示せば，

　　包括利益＝純利益＋その他の包括利益

となる。

第2章　会計公準及び財務会計の基礎的諸概念

　その他の包括利益は，損益計算書には掲載されず，直接，貸借対照表の資本の部に注入される項目で，「損益計算書外持分特殊項目」と呼ばれる。損益計算書外持分特殊項目の性格について簡単にみてみる。これは，出資者からの拠出でも出資者への分配でもない。また，FASBは資本維持概念として物的資本維持概念ではなく財務的資本維持概念を採用しているため，資本維持修正項目となることはありえないわけで，ゆえにこの項目は，出資者との取引による持分の変動ではなく，同時に負債でも稼得利益でもないとみることができる。

　よって，損益計算書外持分特殊項目は，負債ではないがゆえに消去法的に持分に計上されているもので，出資者からの資本及び包括利益といった，持分の内訳項目のいずれにも該当しない，新たな持分カテゴリーにおいて認識されるものであるといわざるを得ない。しかし，こうした損益計算書外持分特殊項目の存在は批判を生んだため，FAS第130号では，この項目は「その他の包括利益」として包括利益の一部に含まれ，新たな持分カテゴリーとしての存在は否定されることになった[20]。

　持分変動を表す包括利益は，まさに資産・負債中心観に合致するもので，こうした包括利益概念においては，原価配分と稼得利益を重視する考え方である収益・費用中心観から大きく離脱し，資産・負債中心観への傾倒が起きており，「過去・原価情報思考」から「未来・時価情報思考」へと重心移動が生じているとみることができる。このような流れは，IASBの業績報告プロジェクトのなかでも近年強まってきており，IASC概念フレームワークが公表された当時は，包括利益に関してまったく触れられていなかったが，FASBと協調し，包括利益概念の導入が積極的に進められている[21]。

注

1)　加古宜士『財務会計概論』中央経済社，1999年，5頁。
2)　広瀬義州『財務会計（第4版）』中央経済社，2003年，30頁。
3)　平松一夫・広瀬義州訳『FASB財務会計の諸概念〔増補版〕』中央経済社，2004年，6頁（訳者まえがき）。

4) 日本公認会計士協会訳『国際会計基準書2001』同文舘，2001年，22頁。
5) 小栗崇資・熊谷重勝・陣内良昭・村井秀樹編『国際会計基準を考える：変わる会計と経済』大月書店，2003年，34頁。概念フレームワークについては，第3章を参照されたい。
6) 新井清光『現代会計学（第3版）』中央経済社，1991年，28頁参照。
7) 加古，前掲書，8頁参照。
8) 同上，31頁。
9) 小栗ら，前掲書，35頁参照。
10) 同上，34－35頁参照。
11) 加古，前掲書，113頁参照。
12) 平松・広瀬，前掲書，353頁。
13) 同上，249－250頁。
14) 討議資料『財務会計の概念フレームワーク』，2004年，38頁。
15) 広瀬，前掲書，25頁参照。
16) 洪慈乙「財務報告制度における意思決定有用性アプローチ－国際財務報告基準（ＩＦＲＳｓ）序文の改訂によせて－」『山形大学紀要（社会科学）』第33巻第2号，2002年，121頁参照。
17) 大藪俊哉編『簿記テキスト』中央経済社，2000年，16－17頁。
18) 討議資料『財務会計の概念フレームワーク』，2004年，17－18頁。
19) 同上，18頁。
20) 池田幸典「包括利益会計における会計的認識問題とその理論的含意」『企業会計』第55巻第11号，2003年，107－108頁参照。
21) 小栗ら，前掲書，36－37頁参照。

第3章 概念フレームワーク

本章では，代表的な概念フレームワークであるFASBとIASC（IASB）のものを取り上げ，さらに，作成が進められているわが国の概念フレームワークについてみることにする。

1　FASBの概念フレームワーク

(1) 概　　説

　FASBの概念フレームワークは，昭和53年11月にSFAC第1号が公表され，前述したように，世界で最初に作成され各国の模範となっているものである。FASBの概念フレームワークは，次の6つのSFACからなっている。

　SFAC第1号「営利企業の財務報告の基本目的」，同第2号「会計情報の質的特徴」，同第6号「財務諸表の構成要素」（同3号の改訂版），同第4号「非営利組織体の財務報告の基本目的」，同第5号「営利企業の財務諸表における認識と測定」，同第7号「会計測定におけるキャッシュ・フロー情報及び現在価値の活用」。

　この6つのSFACのなかの第1号，第2号，第5号，第6号，そして第7号の概要を簡単にみてみる。

(2) 第1号「営利企業の財務報告の基本目的」

　ここでは，財務報告の対象を一般目的外部財務報告に限定したうえで，その基本目的が明示されている。この基本目的は，財務報告に関する目的であり，財務諸表によって伝達される情報に限定されてはいない。基本目的は次のようである。

　「財務報告は，現在及び将来の投資者，債権者その他の情報利用者が合理的な投資，与信及びこれに類似する意思決定を行うにあたって有用な情報を提供しなければならない。情報は，経営者及び経済活動を正しく理解し，また適度な注意を払ってその情報を研究しようとする者にとって理解できるものでなければならない。

　財務報告は，現在及び将来の投資者，債権者その他の情報利用者が配当または利息により将来受領する現金見込額，その時期及びその不確実性並びに有価証券または債権の譲渡，途中償還または満期による現金受領額をあらかじめ評価するのに役立つ情報を提供しなければならない。投資者及び債権者のキャッシュ・フローは，企業のキャッシュ・フローと関連しているので，財務報告は，投資者，債権者その他の情報利用者が当該企業への正味キャッシュ・イン・フローの見込額，その時期及びその不確実性をあらかじめ評価するのに役立つ情報を提供しなければならない。

　財務報告は，企業の経済的資源，かかる資源に対する請求権（当該企業が他の企業に対して経済的資源を譲渡しなければならない債務及び出資者持分）並びにその資源及びこれら資源に対する請求権の変動をもたらす取引，事象及び環境要因の影響に関する情報を提供しなければならない。」[1]。

　つまり，この第1号で述べられている財務報告の基本的な目的は，投資及び与信意思決定に有用な情報の提供，そのための予想キャッシュ・イン・フローの見積り，そして良好なキャッシュ・フローを生み出す企業の能力・価値の判断に資する情報の提供という点にあるといえる。なお，このキャッシュ・フロー情報重視の考え方は，第7号「会計測定におけるキャッシュ・フロー情報

及び現在価値の活用」で完結することになる[2]。

(3) 第2号「会計情報の質的特徴」

ここでは，第1号で明示された基本目的に適合する有用な会計情報を選択するための規準として，目的適合性と信頼性を中核として階層的にいくつかの質的特徴が明らかにされている。

この会計情報の質的特徴については，アメリカ会計学会の『基礎的会計理論』（A Statement of Basic Accounting Theory，以下，「ＡＳＯＢＡＴ」と略す）において提起された「意思決定有用性アプローチ」が発端である。ＡＳＯＢＡＴは，会計を「情報の利用者が事情に精通して判断や意思決定を行うことができるように，経済的情報を識別し，測定し，認識するプロセスである」と定義づけ，有用な会計情報を評価する規準として，目的適合性，検証可能性，不偏性，量的表現可能性の4つの情報の質的特性をはじめて指摘した。このＡＳＯＢＡＴの提起を受けて，アメリカ公認会計士協会の会計原則審議委員会（ＡＰＢ）が昭和45年に公表したステートメント第4号「企業の財務諸表の基礎を成している基本概念及び会計原則」では，財務情報を有用なものにするための次の7つの質的特徴，すなわち，目的適合性，理解可能性，検証可能性，中立性，適時性，比較可能性，完全性が示された。こうした経緯を経て，会計情報の質的な規準の考え方が，第2号の「会計情報の質的特徴」に引き継がれた。

ここでは，会計情報は目的に適合するものであり，信頼できるものでなければならないということが基本的特性とされている。もしも，それらの特性のいずれか一方が完全に失われる場合には，当該情報は有用ではなくなるのである。

目的適合性及び信頼性は，いくつかの内訳要素に分解することができる。目的適合性は，予測価値，フィードバック価値，そして適時性という基本的な特性要素から構成される。信頼性は，検証可能性，表現の忠実性，そして中立性という基本的特性からなる[3]。

ＦＡＳＢの概念フレームワークでは，上記の目的適合性と信頼性のうち，特に目的適合性を重視し，予測価値，フィードバック価値，適時性から構成され

る「未来・時価情報思考」に重点が置かれているといえる[4]。

(4) 第5号「営利企業の財務諸表における認識と測定」

ここでは，SFAC第1号から同第3号までの概念フレームワーク・プロジェクトの成果を基礎にして，概念フレームワーク・プロジェクトのなかでも最も具体的な問題である財務諸表における認識と測定が取り上げられている[5]。

作成すべき財務諸表については，貸借対照表，損益計算書，包括利益計算書，株主持分変動計算書，キャッシュ・フロー計算書，そして附属明細書とされている。報告期間は，年次報告と四半期報告が要求されている。

第5号では，いかなる情報をいかなる時点で財務諸表に記載すべきかについての基本的認識規準及び指針が述べられており，まず，提示されるべき財務諸表及びかかる財務諸表が財務報告に対してどのように役立つのかが取り上げられ，もって認識規準及び認識指針を検討するための基礎が示されている。その焦点は稼得利益及び包括的利益結合計算書に合わされているものである。さらに，認識と密接不可分な関係にある測定問題をも若干ながら取り上げられている。

財務諸表は財務報告の中心をなすもので，企業の外部の情報利用者に財務情報を伝達するための主たる手段である。財務諸表以外の財務報告の手段を用いなければ，有用な情報を提供できない場合等もあるが，その他の財務報告の手段によって情報が開示されても，それは認識規準を満足する諸項目として財務諸表において認識することの代わりにほかならないとしている。また，認識とは，ある項目を資産，負債，収益，費用もしくはこれらに類するものとして，財務諸表に正式に記載するプロセスと定義されている[6]。

さらに，財務諸表の相互補完性に関して述べられており，将来キャッシュ・フロー情報への依存がみてとれる。すなわち，貸借対照表は企業の流動性や財務的弾力性の評価を行う場合に有用であるが，少なくともキャッシュ・フロー計算書との関係で用いた方がさらに有用性を高めることができることを指摘し，稼得利益と包括的利益結合計算書は，貸借対照表と同時に用いられると，投資

利益率や自己資本利益率を計算するのに有効であるが、キャッシュ・フロー計算書と一緒に用いることで、キャッシュ・フロー計算書から得られる当期見積キャッシュ・フローを計算するための優れた基礎となるというようにキャッシュ・フローを中心に相互補完性が示されているのである。

ここに、稼得利益とは、企業の一会計期間の業績の測定値である。包括的利益とは、取引その他の諸事象が企業に及ぼす影響についての広範な測定値であり、それは出資者による投資及び出資者への分配から生じる持分（純資産）の変動を除き、取引その他の事象及び環境要因からもたらされる一会計期間の企業の持分について認識されるすべての変動から構成される。稼得利益は、企業の主たる業績測定値として重要であると広く認められており、稼得利益の内訳要素を認識するために規準を適用する場合には、さらに厳密な指針が必要であるとしている[7]。

(5) 第6号「財務諸表の構成要素」

ここでは、財務諸表の構成要素について述べられ、資産、負債、不確実性の影響、持分、出資者による投資及び出資者への分配、営利企業の包括的利益、収益、費用、利得及び損失の定義が示され、さらに発生主義会計及び関連諸概念についての記載がある。

主なものの定義を挙げておく。資産、負債、収益、費用の定義は第5章でみる。持分または純資産とは、負債を控除した後に残るある実体の資産に対する残余請求権をいう。出資者による投資とは、特定の営利企業における出資者の請求権を獲得または増加させるために、何か価値あるものを他の実体からその企業へ譲渡した結果として生じる当該企業における持分の増加をいう。出資者への分配とは、特定の営利企業による出資者への資産の譲渡、用役の提供または負債の発生の結果として生じる当該企業の持分の減少をいう。

利得とは、実体の副次的または付随的な取引及び実体に影響を及ぼすその他のすべての取引その他の事象及び環境要因から生じる持分の増加であり、収益または出資者による投資によって生じる持分の増加を除いたものをいう。損失

とは，実体の副次的または付随的な取引及び実体に影響を及ぼすその他のすべての取引その他の事象及び環境要因から生じる持分の減少であり，費用または出資者への分配によって生じる持分の減少を除いたものをいう[8]。

(6) 第7号「会計測定における
キャッシュ・フロー情報及び現在価値の活用」

　ここでは，SFAC第5号の測定面の延長線上にある，期待キャッシュ・フローによる現在価値法が取り上げられている。大部分の会計測定においては，市場で決定された客観的な価額，すなわち受領されたまたは支払った現金またはその他の資産の価格，現在原価もしくは現在市場価値のような金額が用いられるが，会計専門家は，資産または負債を測定するための基礎として，将来キャッシュ・フローを絶えず用いなければならない。第7号は，原初認識における会計測定またはフレッシュ・スタート測定の基礎及び償却における利息法の基礎として将来キャッシュ・フローを用いるためのフレームワークを提供している。さらに，現在価値の活用，とりわけ将来キャッシュ・フローの金額もしくはその時期が不確実である場合またはその両方が不確実である場合に，現在価値を用いるか否かを決定するための一般的な原則を示し，会計測定における現在価値の目的に関する共通の理解を提供しているものである[9]。

　財務報告に適合する情報を提供するためには，現在価値は資産または負債のなんらかの客観的な測定属性を表現するものでなければならないとし，現在価値を用いる会計測定は，見積キャッシュ・フローに固有の不確実性を反映するものでなければならないと指摘している。第7号では，期待キャッシュ・フロー・アプローチを採用しているが，これは予想される見積キャッシュ・フローの範囲及びそれぞれの可能性に関する明示的な過程に焦点を合わせている点で伝統的なアプローチと異なっている[10]。

第3章 概念フレームワーク

2 IASCの概念フレームワーク

(1) 概　　説

　昭和48年，IASCがアメリカ，イギリスをはじめとして9ヵ国の職業会計士団体によって設立され，その後証券監督者国際機構（International Organization of Securities Commissions，以下，「IOSCO」と略す）の関与があり，平成11年にIOSCOとIASCとの意見の調整や合意を経て，国際的な資金調達に使用される「包括的な会計基準の体系」に含まれるべき会計基準であるコア・スタンダードが完成した。平成12年にIASCの組織改革が行われ，平成13年，各国の会計基準設定機関の代表により構成される国際機関，IASBへと転換された。IASCからIASBへの移行により，IASB＝IOSCO体制ともいうべきアングロサクソン型のグローバル・スタンダード化が進行しているとみることができる。

　国際会計基準（IAS）は，「世界的に承認され遵守される」ことを目的とした一連の財務会計基準のことであったが，IASBは新たな会計基準を国際財務報告基準（International Financial Reporting Standards，以下，「IFRS」と略す）の名称に変えて設定し，IASCがかつて目指していた会計基準の国際的な調和化の方向ではなく，統合化・収斂化を目指しているといえる[11]。

　つまり，IASBが作成する会計基準はIFRSと総称され，その内容は，以前，IASCが作成したIASとIASBが作成している狭義のIFRSから構成される。平成14年には，欧州委員会は域内市場統合の一環としてEU域内市場で使用される会計基準の統一を目的として，平成17年1月から域内市場企業約7,000社を対象に，IFRSを適用することが規定されている[12]。

　現在わが国において問題となっている，いわゆる「2005年問題」とは，わが国の会計基準とIFRSとは未だ相違があるため，EU域内市場で上場している企業あるいは上場しようとする企業は，IFRSで連結財務諸表を作成しな

ければならないというものである。

　EUが平成17年1月以降，IFRSにもとづく連結財務諸表の作成を強制することが決定したことを受け，IASBとFASBは，将来的に両者の会計基準を統合化することで合意し，今後はIFRSと米国会計基準を中心に会計基準の国際的統合化が進展するものと思われる[13]。

　ちなみに,平成14年9月，IASBとFASBの合同会議が米国コネッチカット州ノーウォークにて開催され，会計基準の統合等で合意し，これは，ノーウォーク合意と呼ばれている。

　では，IASCの「財務諸表の作成及び表示に関するフレームワーク」の概要を簡単にみてみる。

(2) 財務諸表の目的，基礎となる前提及び財務諸表の質的特徴

　まず，財務諸表の目的についての記載があり，これは，広範な利用者が経済的意思決定を行うにあたり，企業の財政状態，業績及び財政状態の変動に関する有用な情報を提供することにあるとしている。さらに，財務諸表の第2の目的として，経営者の受託責任または経営者に委ねられた資源に対する会計責任の結果を表示することも述べられている。これは，FASBが情報提供機能を重視しているのに対し，IASCは経営者の受託責任も経営的意思決定と並ぶ目的としてより重視しているとみることができ，取得原価主義会計の継承や情報の信頼性への力点等と密接に関連しているといえる[14]。

　次に，基礎となる前提として，発生主義及び継続企業について規定されている。発生主義については，これらの目的を満たすためには，財務諸表は発生主義会計にもとづいて作成され，発生主義にもとづく財務諸表は，過去の取引その他の事象について，経済的意思決定を行う利用者にとって最も有用な種類の情報を提供する旨が述べられている[15]。

　そして，財務諸表の質的特徴が述べられ，質的特徴とは，財務諸表が提供する情報を利用者にとって有用なものとする属性をいい，主要な質的特徴として，

理解可能性，目的適合性，信頼性及び比較可能性の4つを挙げている。これは，前述したFASBの概念フレームワークSFAC第2号を参考にしているものといえる。IASC概念フレームワークでは，目的適合性が重要であるとしながらも，信頼性に大きく比重をおいた「過去・原価情報思考」が採用されている[16]。

　理解可能性とは，情報が利用者にとって理解しやすいものであるべきことを示す情報特性をいう。次に適時性のスクリーニングがかけられ，比較可能性を前提として目的適合性と信頼性が求められる。目的適合性とは，情報が有用であるためには，意思決定のための利用者の要求に適合するものでなければならないというものである。信頼性とは，情報が有用であるためには信頼し得るものでなければならないというもので，信頼性には，表示の忠実性，実質優先，中立性，慎重性，そして完全性が求められている[17]。

(3) 財務諸表の構成要素

　国際会計基準では，作成すべき財務諸表は，貸借対照表，損益計算書，株主持分変動計算書，そしてキャッシュ・フロー計算書とされている。貸借対照表における財政状態の測定に直接関係する構成要素は，資産，負債及び持分である。損益計算書における業績の測定に直接関係する構成要素は，収益及び費用である。

　資産，負債の定義は，第5章で記述するが，資産の将来の経済的便益とは当該企業にキャッシュ・イン・フローを，負債はキャッシュ・アウト・フローをもたらすものとして捉えられ，その差額概念を持分とし，これは第2章でみた「資産・負債中心観」の考え方が用いられている[18]。

　次に，収益及び費用についての定義についてみてみる。収益とは，当該会計期間中の資産の流入もしくは増価または負債の減少の形をとる経済的便益の増加であり，持分参加者からの拠出に関連するもの以外の持分の増加を生じさせるものをいう。費用とは，当該会計期間中の資産の流出もしくは減価または負債の発生の形をとる経済的便益の減少であり，持分参加者への分配に関連する

もの以外の持分の減少を生じさせるものをいう。

　また，広義の収益には，収益と利得の両方が含まれ，利得は，収益の定義を満たすその他の項目を表し，企業の通常の活動の過程において発生するものと発生しないものがある。利得には，市場性のある有価証券の再評価及び固定資産の帳簿価額の増加から発生する未実現利益等も含まれる。費用の定義には，企業の通常の活動の過程において発生する費用だけでなく損失も含まれる。これらの利得・損失が損益計算書において認識されるのであって，包括利益概念はIASC概念フレームワークのなかでは採用されていない[19]。

(4) 財務諸表の構成要素の認識及び測定

　認識とは，構成要素の定義を満たし，かつ以下に述べる認識規準を満たすある項目を，貸借対照表または損益計算書に組み入れる過程をいう。構成要素の定義を満たす項目は，当該項目に関連する将来の経済的便益が，企業に流入するかまたは企業から流出する可能性が高く，かつ当該項目が信頼性をもって測定できる原価または価値を有している場合に認識される。

　次に，測定とは，財務諸表の構成要素が認識され，貸借対照表及び損益計算書に計上される金額を決定する過程をいう。この過程には，特定の測定基礎の選択が含まれ，財務諸表においては，いくつかの異なる測定基礎が，違った度合いで，また，種々の組み合わせによって使用されている。この測定基礎として，取得原価，現在原価，実現可能（決済）価額，現在価値の4つが提示されている。財務諸表を作成するにあたって企業が最も一般的に採用している測定基礎は取得原価である[20]。

3 わが国の概念フレームワーク

(1) 概　　説

　わが国においても，企業会計基準委員会は，概念フレームワークを明文化す

第3章　概念フレームワーク

る必要性が各方面から指摘されたのを受け，同委員会のもとに外部の研究者を中心とする基礎概念ワーキング・グループを組織し，同委員会は，平成16年7月に，ここで得られた結論をとりまとめ，討議資料『財務会計の概念フレームワーク』を公表した。その後，同討議資料は修正され，同年9月にその修正版が公表された。

ここでは，この『財務会計の概念フレームワーク』の概要について簡単にみてみる。同討議資料は，現行の企業会計の基礎にある前提や概念を要約，整理し，さらに，将来の会計基準の設定に指針を与える役割を担い，基礎概念の整理を通じて基本的指針を提示しているもので，「財務報告の目的」，「会計情報の質的特性」，「財務諸表の構成要素」，そして「財務諸表における認識と測定」の4つの部分から成り立っている。

(2) 財務報告の目的

「財務報告の目的」では，財務報告を支える基本的な前提や概念のなかの目的について言及している。財務報告は様々な役割を果たしているが，その目的は，投資家による企業成果の予測と企業価値の評価に役立つような企業の**財務状況の開示**にあるとしている。つまり，自己の責任で将来を予測し投資の**判断**をする人々のために，企業の投資のポジション（ストック）とその成果（フロー）が開示されるとみているのである。また，会計情報の副次的な利用についても述べられている。

(3) 会計情報の質的特性

「会計情報の質的特性」では，財務報告の目的を達成するにあたり，会計情報が備えるべき質的な特性について論じられている。

財務報告の目的は，企業価値評価の基礎となる情報，つまり，投資家が将来キャッシュ・フローを予測するのに役立つ企業成果等を開示することにあり，この目的を達成するにあたり，会計情報に求められる最も基本的な特性は，意思決定有用性であるとしている。会計情報が投資家の意思決定に有用であるこ

とは，意思決定目的に関連する情報であること（relevance to decision），内的な整合性のある会計基準に従って作成された情報であること（internal consistency），及び一定の水準で信頼できる情報であること（reliability）に支えられているのである。

ここで，有用性を支える特性として，意思決定との関連性，内的な整合性，信頼性を挙げている。意思決定との関連性とは，会計情報が将来の投資の成果についての予測に関連する内容を含み，企業価値の推定を通じた投資家による意思決定に積極的な影響を与えて貢献することをいう。

内的な整合性とは，ある会計情報が，会計基準全体を支える基本的な考え方と矛盾しないルールにもとづいて生み出されていることをいう。ちなみに，海外の概念書との最大の違いは，会計情報の意思決定有用性を支える特性として，意思決定との関連性と信頼性に加え，この内的な整合性を取り上げた点にある。これは，整合的な基準から生み出された会計情報は有用であるとみるのが，広く合意された考え方であるといえるからである。

信頼性とは，中立性，検証可能性，表現の忠実性等に支えられ，会計情報が信頼に足る情報であることをいう。

さらに，この3つの特性間の関係についても言及し，3つの特性すべてが同時に満たされる場合，いくつかの特性間にトレード・オフの関係がみられる場合があることを指摘している。

(4) 財務諸表の構成要素

投資のポジションと成果を表すため，貸借対照表においては資産・負債・純資産という3つの構成要素が，損益計算書においては収益・費用・純利益という3つの構成要素が開示され，さらにこれらに加えて包括利益という要素が開示されることもあり，同討議資料で定義を与える財務諸表の構成要素は上記の7つであるといえる。なお，これらの7つの構成要素の定義については，後述する関連ある各章において述べることにする。

同討議資料では構成要素の定義を確定する作業を容易するため，かつ国際的

な動向を尊重して，まず資産と負債を定義し，貸借対照表上で負債に該当しない貸方項目は，すべて純資産に分類している。これと同時に，純利益を重視して，純利益を生み出す投資の正味ストックとしての資本を，純資産から分けて定義しており，その結果，純資産には資本に属さない部分が含まれ，純資産と資本が同義ではないことを明示するため，純資産を資本とその他の要素に区分している。

また，同討議資料では純利益に対応する資本を報告主体の所有者に帰属するものと位置づけ，この資本は，純利益を生み出す投資の正味ストックを表しているものとしている。

純利益と包括利益の併存についても言及しており，純利益の情報は長期にわたり投資家に広く利用され，その有用性を指示する経験的証拠も確認され，純利益に従来どおりの独立した地位を与えることにしているが，包括利益に対しても純利益を超える有用性が見い出される可能性もあるとし，独立した地位を与えている。

(5) 財務諸表における認識と測定

ここでは，「財務諸表の構成要素」で定義が与えられた各種構成要素について，財務諸表に計上するタイミングと，それらに与えられる測定値の意味が記述されている。

まず，認識及び測定の定義等概要と基礎概念について述べられ，認識についての記述がある。具体的には，構成要素の認識に関する一般的な制約について，認識の契機ならびに認識に求められる蓋然性が述べられている。各種構成要素の認識は，契約の少なくとも一方の履行がその契機となり，さらに，いったん認識した資産・負債に生じた価値の変動も，新たな構成要素を認識する契機となるとされる。なお，これは双務契約であり，双方が未履行の段階にとどまるものは，原則として，財務諸表上認識しないことになっているが，金融商品に属する契約の一部については，例えば，決済額と市場価格との差額である純額を市場で随時取引できる金融商品等，例外的に，双務未履行の段階で財務諸表

に計上することが認められている。

　また，各種構成要素の項目が，財務諸表上での認識対象となるためには，認識の契機の事象が生じることに加え，一定程度の発生の可能性が求められている。一定程度の発生の可能性とは，財務諸表の構成要素にかかわる将来事象が，一定水準以上の確からしさで生じると見積もられることをいう。

　次に測定についての記載があり，資産の測定，負債の測定，収益の測定，費用の測定の項目から成り立っている。資産の測定では，取得原価，市場価格，割引価値，入金予定額（決済価額または将来収入額），そして被投資企業の純資産額にもとづく額を取り上げている。負債の測定では，支払予定額（決済価額または将来支出額），現金受入額，割引価値，そして市場価格を取り上げている。収益の測定では，交換に着目した収益の測定，市場価格の変動に着目した収益の測定，契約の部分的な履行に着目した収益の測定，そして被投資企業の活動成果に着目した収益の測定を取り上げている。費用の測定では，交換に着目した費用の測定，市場価格の変動に着目した費用の測定，契約の部分的な履行に着目した費用の測定，そして利用の事実に着目した費用の測定を取り上げている。

注

1) 平松一夫・広瀬義州訳『ＦＡＳＢ財務会計の諸概念〔増補版〕』中央経済社，2004年，7－8頁。
2) 小栗崇資・熊谷重勝・陣内良昭・村井秀樹編『国際会計基準を考える：変わる会計と経済』大月書店，2003年，37頁。
3) 平松・広瀬，前掲書，77頁参照。
4) 小栗ら，前掲書，34－35頁。
5) 広瀬義州『財務会計（第4版）』中央経済社，2003年，29頁。
6) 平松・広瀬，前掲書，202頁。
7) 同上，204，207頁。
8) 同上，279－281頁。
9) 同上，416頁。
10) 同上，417－418頁。
11) 小栗ら，前掲書，11－15頁参照。

12) 企業会計の国際対応に関する研究会「中間報告」，2004年，1頁。
13) 山田辰巳「ＩＡＳＢの最近の活動状況について」『国際会計研究学会年報（2003年度）』，2004年，53頁。
14) 小栗ら，前掲書，29頁参照。
15) 日本公認会計士協会訳『国際会計基準書2001』同文舘，2001年，27頁。
16) 小栗ら，前掲書，35頁。
17) 前掲，『国際会計基準書2001』，27－30頁参照。
18) 小栗ら，前掲書，31頁。
19) 前掲，『国際会計基準書2001』，35－36頁。
20) 同上，37－40頁。

第4章

一 般 原 則

1 企業会計原則の一般原則

　では,第2章でみた中間構造のなかの一般原則についてみていきたい。

　わが国における財務会計の慣習規範である「企業会計原則」は,一般原則,損益計算書原則(以下,「P／L原則」と略す),貸借対照表原則(以下,「B／S原則」と略す)の3つの部分から構成されている。このような構成は,前述したように『SHM会計原則』に近いもので,財務諸表中心の構成をとっている。

　一般原則は,会計行為に対する規範または一般的指導原理を示したものであり,P／L原則及びB／S原則の上位にあって,これらを支配する関係にある。また,一般原則は,P／L原則とB／S原則に共通する諸原則をまとめて編成したものであり,一般原則は,P／L原則とB／S原則を正しく解釈し適用する場合に常に斟酌されなければならない[1]。

　一般原則は,会計の実質的側面及び形式的側面に関する包括的な基本原則であり,これは企業会計原則が,認識行為や測定行為をも含めて財務会計の全体的領域に指示を与える原則であることによるものといえる。

　一般原則は,具体的には次の7つの原則から成り立っている。①真実性の原則,②正規の簿記の原則,③資本取引・損益取引区分の原則,④明瞭性の原則,

⑤継続性の原則，⑥保守主義の原則，⑦単一性の原則である。

またこの7つの原則の他，企業会計原則注解【注1】において，重要性の原則の規定があり，これも一般原則の1つとして位置づけられるものである。

ではこの7つの原則と重要性の原則について簡単にみてみる。

(1) 真実性の原則

この原則は，「企業会計は，企業の財政状態及び経営成績に関して，真実な報告を提供するものでなければならない」というものである。真実性の原則は，企業会計の最高規範と考えられ，この原則を除く他の一般原則，及びP／L原則とB／S原則は，この真実性の原則にもとづくものであるといえる。

真実性の原則の内容についてみてみる。真実性の原則は，会計記録の真実性と財務諸表の真実性を含み，会計事実の網羅性・実在性，真正評価及び利害関係者に対する真実な報告を要求するものである。

またここでいう真実性とは，いわゆる相対的真実をいう。今日の財務諸表は，会計の諸原則に準拠した会計記録と会計慣習にもとづいて，会計担当者による主観的な判断を使って作成されるものであり，このようにして作成された財務諸表の真実は，絶対的ではなく，相対的なものである。つまり，会計がもともと本質的に歴史的側面と技術的側面とを持つことから，そこでの真実性も，おのずから歴史的側面と技術的側面のもとでの内容とならざるを得ないことになる。

相対的真実にならざるを得ない理由には，会計目的の歴史的変化，期間計算に伴う計算技術上の暫定性，代替的会計処理法の多様性等があげられる[2]。

(2) 正規の簿記の原則

この原則は，「企業会計は，すべての取引につき，正規の簿記の原則に従って，正確な会計帳簿を作成しなければならない」というものである。これは，真実性の原則を保証する原則で，すべての取引を会計帳簿に記録し，会計帳簿には実際に行われた取引を検証可能な資料にもとづいて記録を行い，一般的には複

式簿記のように，一定のルールにもとづき，誘導法により財務諸表を作成することを要請する原則である。つまり，網羅性，立証性，秩序性に従った正確な会計帳簿を作成し，これにより財務諸表を誘導的に作成することをいう。

(3) 資本取引・損益取引区分の原則

この原則は，「資本取引と損益取引とを明瞭に区別し，特に資本剰余金と利益剰余金とを混同してはならない」というものである。資本取引とは，資本金及び資本剰余金に増加減少をもたらす取引をいい，損益取引とは，収益取引と費用取引とからなり，利益を生ずるもととなる取引をいう。また資本剰余金とは，資本取引から生じた剰余金であり，現行の企業会計では，払込剰余金，贈与剰余金及び評価替剰余金からなる。利益剰余金とは，損益取引から生じた剰余金であり，利益の留保額をいう。

企業会計において資本と利益を区別する理由は，企業がその経済活動を営むための元本と，元本から生じた果実とを明確に区別することによって，利益を適正に算定することから企業の収益力を正しく把握し，また配当可能利益及び課税所得を正しく計算し，そして企業の継続性を達成するために維持すべき資本の額を正しく算定することにある。

この原則は，いわゆる利害調整機能を重視するものであるといえよう。

(4) 明瞭性の原則

この原則は，「企業会計は，財務諸表によって，利害関係者に対し必要な会計事実を明瞭に表示し，企業の状況に関する判断を誤らせないようにしなければならない」というものである。この原則は，公開性の原則とも呼ばれている。

明瞭性の原則は，財務諸表の作成形式に関する包括的な基本原則であり，企業の情報利用者に企業の経営成績及び財政状態に関する判断を誤らせないよう会計情報の明瞭表示及び開示を要請しているものである。

この原則は，いわゆる情報提供機能を重視するものであるといえよう。

(5) 継続性の原則

この原則は,「企業会計は,その処理の原則及び手続を毎期継続して適用し,みだりにこれを変更してはならない」というものである。この原則が問題となるのは,注解【注3】にあるように,企業会計上,1つの会計事実について2つ以上の会計処理の原則または手続の選択適用が認められている場合である。このような場合には,会計情報の期間比較可能性の確保と企業の利益操作の排除が重要になってくる。

また,財務諸表の表示についても継続性が求められる。項目の名称,分類,配列,様式等も,できるだけ継続して用いなければならない[3)]。

本来,企業会計には経理自由の原則が根底にあり,継続性の原則は,経理自由の原則に対する制約条件としての機能を有しているといえる。もっとも,継続性の原則は,いったん,ある1つの会計処理の原則及び手続を採用したならばこれを半永久的に続けなければならないというものではなく,【注3】にあるように,正当な理由により会計処理の原則及び手続を変更した場合には認められる。

(6) 保守主義の原則

この原則は,「企業の財政に不利な影響を及ぼす可能性がある場合には,これに備えて適当に健全な会計処理をしなければならない」というものである。保守主義の原則は,安全性の原則とも呼ばれる。

この原則は,不確実性下の経済社会において,将来の不測のリスクに備えて,企業の財務体質をできるだけ強固なものにし,企業経営の安全性を確保するためのものである。よって,収益はできるだけ確実なもののみを計上し,費用・損失は将来予想されるものも含めてすべて残らず計上することにより,利益をできるだけ控えめに計算し,資金の社外流出を防ごうとすることが,保守主義の原則にもとづく会計処理である。ただし,この原則には注解【注4】が付されているように,過度に保守的な会計処理は認められていない。

(7) 単一性の原則

　この原則は,「株主総会提出のため,信用目的のため,租税目的のため等種々の目的のために異なる形式の財務諸表を作成する必要がある場合,それらの内容は,信頼しうる会計記録に基づいて作成されたものであって,政策の考慮のために事実の真実な表示をゆがめてはならない」というものである。

　財務諸表は,様々な目的で各種利害関係者の関心に適合するように,様々な形式で作成されることが要求されるが,これを「形式的非単一性」(「形式多元」)の要請という。しかし,その実質的内容(特に利益額)は同一でなければならず,これを財務報告に対する「実質的単一性」(「実質一元」)の要請と呼び,これが単一性の原則である。いわゆる二重帳簿の作成の禁止を謳っている原則であるといえる[4]。

(8) 重要性の原則

　この原則は一般原則ではないが,会計全般に関わる包括的原則として,正規の簿記の原則や明瞭性の原則等と密接な関係がある。

　重要性の原則は,2つの側面を持っているといえる。1つ目が,重要性の乏しいものは簡便な処理表示を容認するというもので,2つ目が,重要性の高いものは厳密な処理表示を要請するというものである。注解【注1】では前者を謳っており,これは狭義の重要性の原則といわれ,後者の側面も含むと広義の重要性の原則といわれる。

2 連結財務諸表原則の一般原則

　連結財務諸表原則(以下,「連結原則」と略す)の一般原則は,第1節でみた企業会計原則の一般原則に概ね対応しているが,連結財務諸表の作成にかかわる連結会計固有の原則も含んで,連結財務諸表の作成基準の基礎として,連結会計全般について,真実性の原則,個別財務諸表基準性の原則,明瞭性の原

則，継続性の原則を掲げ，連結原則注解において重要性の原則を規定している。

(1) 真実性の原則

この原則は，「連結財務諸表は，企業集団の財政状態及び経営成績に関して真実な報告を提供するものでなければならない」というものである。これは，企業会計原則の真実性の原則と同様の要請をしているもので，連結会計における最も基本的な規範原則である。

(2) 個別財務諸表基準性の原則

この原則は，「連結財務諸表は，企業集団に属する親会社及び子会社が一般に公正妥当と認められる企業会計の基準に準拠して作成した個別財務諸表を基礎として作成しなければならない」というもので，連結原則，特有のものである。この原則の意味するところは，まず連結財務諸表は，親会社と子会社の会計帳簿から誘導されるのではなく，各々の適正な個別財務諸表を前提に作成されるということである。よって，連結の対象となる個別財務諸表は，一般に公正妥当と認められた会計原則に準拠して作成されなければならないため，連結財務諸表に与える影響について重要性が乏しい場合を除いて，【注解2】に「親会社及び子会社の財務諸表が，減価償却の過不足，資産又は負債の過大又は過少計上等により当該会社の財政状態及び経営成績を適正に示していない場合には，連結財務諸表の作成上これを適正に修正して連結決算を行わなければならない」とあるように，個別財務諸表が会計原則に準拠していない場合には，連結に先立って，これを修正する必要性を規定している。

(3) 明瞭性の原則

この原則は，「連結財務諸表は，企業集団の状況に関する判断を誤らせないよう，利害関係者に対し必要な財務情報を明瞭に表示するものでなければならない」というもので，企業会計原則における明瞭性の原則に当たるものである。ただし，連結原則の場合は，科目の集約性が要求されている。例えば，連結貸

借対照表における棚卸資産の一括表示，連結損益計算書における売上原価の棚卸計算法的な表示を省略し，売上原価のみの表示等である。

(4) 継続性の原則

　この原則は，「連結財務諸表作成のために採用した基準及び手続は，毎期継続して適用し，みだりにこれを変更してはならない」というもので，企業会計原則における継続性の原則に相当するものである。これは企業会計原則と同様に，連結財務諸表の期間比較性の確保や，利益操作の排除を目的としている。連結原則の継続性の原則には，親子会社間の会計処理の原則・手続，連結財務諸表固有の会計処理の原則・手続・表示，連結の範囲等連結会計固有の事項も含まれる。

(5) 重要性の原則

　この原則は【注解１】に示されているものであるが，その本質は企業会計原則における重要性の原則と相違はなく，利害関係者の判断を誤らせない限り，連結に関する処理及び表示について簡便法を適用することが認められているというものである。【注解１】では重要性の原則の適用例として以下のものを掲げている。

　　a　連結の範囲の決定
　　b　持分法の適用範囲の決定
　　c　子会社の決算日が連結決算日と異なる場合の仮決算の手続
　　d　連結のための個別財務諸表の修正
　　e　子会社の資産及び負債の評価
　　f　連結調整勘定の処理
　　g　未実現損益の消去
　　h　連結財務諸表の表示

注

1) 新井清光『現代会計学（第3版）』中央経済社，1991年，39頁及び加古宜士『財務会計概論（第2版）』中央経済社，1999年，9頁参照。
2) 加古，前掲書，12－13頁。
3) 染谷恭次郎『現代財務会計（第10版）』中央経済社，1999年，34頁。
4) 加古，前掲書，27－28頁参照。

第5章 財務諸表の構造

1 貸借対照表論

(1) 概　　説

　貸借対照表原則（以下，「B／S原則」と略す）一において，「貸借対照表は，企業の財政状態を明らかにするため，貸借対照表日におけるすべての資産，負債及び資本を記載し，株主，債権者その他の利害関係者にこれを正しく表示するものでなければならない」と，貸借対照表の本質が規定されている。

　貸借対照表は，資産，負債及び資本を表示する報告書であり，企業の一定時点の財政状態を明らかにするものである。B／S原則一は，いわゆる貸借対照表完全性の原則を規定しているものである。この貸借対照表完全性の原則には，網羅性の原則としての意味と，実在性の原則としての意味の2つが含まれているといえる。つまり，網羅性の原則とは，存在するすべての資産，負債，資本をもれなく記載しなければならないということで，実在性の原則とは存在しないものは記載してはならないということである。

　ここで，貸借対照表における静態論と動態論について簡単に触れておく。静態論（静的貸借対照表論）と動態論（動的貸借対照表論）という概念については，シュマーレンバッハがその著書『動的貸借対照表論』のなかで，両者の本

質に触れている。静態論とは会計の目的を財産計算に求める会計思考で，決算日において企業の所有するすべての資産並びに企業の債務に属するすべての負債を貸借対照表に収容し，その資産の評価は客観的売却時価をもってし，それゆえ静的貸借対照表は，一定時点における財産の状態を一覧表示するものである。つまり，静的貸借対照表は時点的有高貸借対照表の形式による正しい財産・資本計算の手段として理解されていた。

これに対して，動態論は会計の目的を損益計算に求める会計思考で，貸借対照表は損益計算の補助手段と解し，あくまでも損益計算の未解消項目を収容する場に過ぎないと捉える見解である。動態論会計では，損益計算の原型を収支計算と捉え，全体計算では収支計算一本で損益の計算は可能であるが，期間計算においては，収入と収益，支出と費用の食い違いが生じ，この不一致の項目を未解消項目と呼び，この未解消項目の収容の場が貸借対照表にほかならないとしている。つまり，動的貸借対照表は未解消有高項目を次期へ繰り越すための損益計算にとって有用な補助手段としての地位が与えられ，言い換えれば，動的貸借対照表は収入と収益，支出と費用及び収入と支出とを計算的に相互に結合するところの１つの連結帯にすぎないことになる[1]。

(2) 貸借対照表の表示

Ｂ／Ｓ原則二において，「貸借対照表は，資産の部，負債の部及び資本の部の三区分に分ち，さらに資産の部を流動資産，固定資産及び繰延資産に，負債の部を流動負債及び固定負債に区分しなければならない」と区分表示の原則を謳っている。ここで，財務諸表等規則（様式第２号）における貸借対照表のひな形を〔資料５－１〕に示すので参照されたい。

貸借対照表の配列については，Ｂ／Ｓ原則三において，「資産及び負債の項目の配列は，原則として，流動性配列法によるものとする」と規定されている。

貸借対照表の資産・負債・資本の記載については，Ｂ／Ｓ原則一Ａにおいて，「資産，負債及び資本は，適当な区分，配列，分類及び評価の基準に従って記載しなければならない」と規定されている。

第５章　財務諸表の構造

〔資料５－１〕　財務諸表等規則による貸借対照表

様式第２号
【貸借対照表】

区　　　　分	注記番号	前事業年度 (平成　年　月　日)		当事業年度 (平成　年　月　日)	
		金　額（円）	構成比(％)	金　額（円）	構成比(％)
(資産の部)					
Ⅰ　流動資産					
現金及び預金			×××		×××
受取手形		×××		×××	
貸倒引当金		×××	×××	×××	×××
売　掛　金		×××		×××	
貸倒引当金		×××	×××	×××	×××
有価証券			×××		×××
商　　　品			×××		×××
製　　　品			×××		×××
半　製　品			×××		×××
原　材　料			×××		×××
仕　掛　品			×××		×××
貯　蔵　品			×××		×××
前　渡　金			×××		×××
前 払 費 用			×××		×××
繰延税金資産			×××		×××
未 収 収 益			×××		×××
株主,役員又は従業員に対する短期債権		×××		×××	
貸倒引当金		×××	×××	×××	×××
短期貸付金		×××		×××	
貸倒引当金		×××	×××	×××	×××
未 収 入 金			×××		×××
…………			×××		×××
流動資産合計			×××		×××
Ⅱ　固定資産					
１　有形固定資産					
建　　　物		×××		×××	
減価償却累計額		×××	×××	×××	×××
構　築　物		×××		×××	
減価償却累計額		×××	×××	×××	×××
機械及び装置		×××		×××	
減価償却累計額		×××	×××	×××	×××
…………		×××		×××	
…………		×××	×××	×××	×××
…………		×××		×××	
…………		×××	×××	×××	×××
土　　　地			×××		×××
建設仮勘定			×××		×××
…………			×××		×××

有形固定資産合計		×××		×××
2　無形固定資産				
営　業　権		×××		×××
借　地　権		×××		×××
鉱　業　権		×××		×××
………………		×××		×××
無形固定資産合計		×××		×××
3　投資その他の資産				
投資有価証券		×××		×××
関係会社株式		×××		×××
関係会社社債		×××		×××
出　資　金		×××		×××
関係会社出資金		×××		×××
長期貸付金	×××		×××	
貸倒引当金	×××	×××	×××	×××
株主，役員又は従業員に対する長期貸付金	×××		×××	
貸倒引当金	×××	×××	×××	×××
関係会社長期貸付金	×××		×××	
貸倒引当金	×××	×××	×××	×××
破産債権，更生債権その他これらに準ずる債権	×××		×××	
貸倒引当金	×××	×××	×××	×××
長期前払費用		×××		×××
繰延税金資産		×××		×××
投資不動産	×××		×××	
減価償却累計額	×××	×××	×××	×××
………………		×××		×××
投資その他の資産合計		×××		×××
固定資産合計		×××		×××
Ⅲ　繰　延　資　産				
創　立　費		×××		×××
開　業　費		×××		×××
新株発行費		×××		×××
社債発行費		×××		×××
社債発行差金		×××		×××
開　発　費		×××		×××
建　設　利　息		×××		×××
繰延資産合計		×××		×××
資産合計		×××		×××
（負債の部）				
Ⅰ　流　動　負　債				
支　払　手　形		×××		×××
買　掛　金		×××		×××
短期借入金		×××		×××
未　払　金		×××		×××
未　払　費　用		×××		×××

第5章 財務諸表の構造

未払法人税等		×××		×××
繰延税金負債		×××		×××
前　受　金		×××		×××
預　り　金		×××		×××
前　受　収　益		×××		×××
引　当　金		×××		×××
修繕引当金	×××		×××	
………………	×××	×××	×××	×××
株主,役員又は従業員からの短期借入金		×××		×××
従業員預り金		×××		×××
………………		×××		×××
流動負債合計		×××		×××
Ⅱ　固　定　負　債				
社　　　債		×××		×××
長期借入金		×××		×××
関係会社長期借入金		×××		×××
株主,役員又は従業員からの長期借入金		×××		×××
長期未払金		×××		×××
繰延税金負債		×××		×××
引　当　金		×××		×××
退職給付引当金	×××		×××	
………………	×××	×××	×××	×××
固定負債合計		×××		×××
負　債　合,計		×××		×××
（資本の部）				
Ⅰ　資　本　金		×××		
Ⅱ　資本剰余金				
1　資本準備金	×××		×××	
2　その他資本剰余金				
自己株式処分差益	×××		×××	
………………	×××		×××	
資本剰余金合計		×××		×××
Ⅲ　利益剰余金				
1　利益準備金	×××		×××	
2　任意積立金				
中間配当積立金	×××		×××	
………………	×××		×××	
3　当期未処分利益				
（又は当期未処理損失）	×××		×××	
利益剰余金合計		×××		×××
資　本　合　計			×××	×××
負債資本合計			×××	×××

（記載上の注意）
1　別記事業を営んでいる場合その他上記の様式によりがたい場合には，当該様式に準じて記載すること。
2　繰延税金資産及び繰延税金負債については，第54条の規定により表示すること。

貸借対照表に対し，B／S原則一Bにおいて，「資産，負債及び資本は，総額によって記載することを原則とし，資産の項目と負債又は資本の項目とを相殺することによって，その全部又は一部を貸借対照表から除去してはならない」と規定し，総額主義を要求している。これは，企業の財政状態を明瞭に表示をする観点からで，企業の財政規模を明らかにすることにより，利害関係者が企業の財政状態に対して適切な判断を行えるようにするためである。

　貸借対照表の注記について，B／S原則一Cでは，「受取手形の割引高又は裏書譲渡高，保証債務等の偶発債務，債務の担保に供している資産，発行済株式1株当たり当期純利益及び同1株当たり純資産額等企業の財務内容を判断するために重要な事項は，貸借対照表に注記しなければならない」と規定されている。

　ここで，1株当たり当期純利益等の注記についてみてみる。財務諸表等規則によれば，95条の5の2・1項において，「1株当たり当期純利益金額又は当期純損失金額及び当該金額の算定上の基礎は，注記しなければならない」と規定されている。また，商法施行規則によれば，102条において，「1株当たりの当期純利益又は当期純損失の額は，注記しなければならない」と規定されている。

　つまり，1株当たり当期純利益等は証券取引法及び商法にもとづいて開示が要求されている。1株当たり当期純利益等は，投資情報として有益であり，商法においても債権者保護の他に，投資家への情報提供の概念が導入されたことになる。

　1株当たり当期純利益等は，普通株式に係る当期純利益を普通株式の期中平均株式数で除して算定する。具体的には次の算式による。

$$\frac{損益計算書上の当期純利益－普通株主に帰属しない金額}{普通株式の期中平均発行済株式数－普通株式の期中平均自己株式数}$$

　普通株主に帰属しない金額とは，利益処分による優先配当額，利益処分による役員賞与の額等をいう。

さらに，財務諸表等規則では，95条の5の2・2項で，「潜在株式調整後1株当たり当期純利益金額（普通株式を取得することができる権利若しくは普通株式への転換請求権又はこれらに準ずる権利が付された証券又は契約（以下「潜在株式」という。）に係る権利の行使を仮定することにより算定した1株当たり当期純利益金額をいう。）及び当該金額の算定上の基礎は，前項の記載の次に記載しなければならない」とある。つまり，潜在株式調整後1株当たり当期純利益等が，証券取引法にもとづいて更なる開示が要求されている。

潜在株式調整後1株当たり当期純利益の算定は次のようになる。潜在株式が希薄化効果を有する場合，普通株式に係る当期純利益に当期純利益調整額を加えた合計金額を，普通株式の期中平均株式数に普通株式増加数を加えた合計株式数で除して算定する。

1株当たり当期純利益及び潜在株式調整後1株当たり当期純利益の算定の目的は，普通株主に関する一会計期間における企業の成果を示すことにある。これは，市場で流通する株式の多くは普通株式であり，また，同一企業の他の会計期間との経営成績の比較（時系列比較）及び他企業との経営成績の比較（企業間比較）等を向上させるための情報の開示を行うことが，投資家の的確な投資判断に資すると考えられることによる。

潜在株式調整後1株当たり当期純利益の算定の目的は，必ずしも1株当たり当期純利益に対する将来の潜在的な変動性を示す警告指標とすることではなく，1株当たり当期純利益と同様に，原則として，過去の情報として開示することであり，これにより時系列比較等を通じ将来の普通株式の価値の算定に役立つものと位置づけており，企業の成果を示す会計情報が，基本的に過去の情報であるという考え方にもとづいている。したがって，期末の時点のみの株式数及び時価または将来予測の要素は考慮せずに，潜在株式調整後1株当たり当期純利益の算定を行うことを意図しているといえる。

また，1株当たり純資産額については，財務諸表等規則の68条の3により注記が義務づけられている。1株当たり純資産額の算定及び開示の目的は，普通株主に関する企業の財政状態を示すことにあると考えられるため，普通株主に

帰属しない金額は，1株当たり純資産額の算定上，期末の純資産額には含めないことが適当である。

(3) 資産会計

① 資産の概念

資産は会計において非常に重要な概念の1つであり，その資産の本質については，a換金可能なもの，b用役潜在能力（サービス・ポテンシャルズ）あるいは将来の経済的便益を有するものといった概念がある。

IASB（IASC）によれば，資産が有する将来の経済的便益とは，企業への現金及び現金同等物の流入に直接的にまたは間接的に貢献する潜在能力をいう。

かつて資産の概念は，企業の清算を前提とした財産計算を重視する会計制度のもとで，企業が一定時点において保有する有形・無形の物財または権利を指すものとして，静態的・法律的な概念として規定されていた。これは，aに該当する概念で，静態論会計における資産の本質に合致するものである。

これに対して，継続企業（ゴーイング・コンサーン）を前提とし，期間損益計算を重視する今日の会計制度のもとでは，資産とは，将来において発現すると期待される経済的利益が当該企業に帰属し，かつ，貨幣額によって合理的に測定できるものをいうと定義される。これは，bに該当する概念で，動態論会計における繰延資産等をも説明できるものであるといえる。

この定義をもう少し詳しくみてみる。まず「将来において発現すると期待される経済的利益」とは，企業にとっての経済的な役立ち，つまり収益獲得能力を指し，現在から将来に向けて発現することが期待されるものを意味するといえる。「当該企業に帰属し」とは，ある企業にとっての帰属性を意味し，企業がその経済的利益を独占的・排他的に享受することを指すものであるといえる。

「貨幣額によって合理的に測定できるもの」とは，今日の制度会計においては，貨幣額により合理的に測定できないものはその資産性を認め難く，貨幣的に測定できない事象は会計の対象ではないということを意味すると考えられ

る[2]。

　アメリカ会計学会（ＡＡＡ）における資産の定義は，「1957年版会計基準」において「特定の会計単位内で事業目的のために投ぜられた経済的資源（economic resources）であり，見込まれる経営活動に役立つ給付可能性の総体（aggregates of service-potentials）をいう」と規定されている。しかし，この定義は経済的資源に繰延資産が含まれるかどうかに疑問があり，また，サービス・ポテンシャルズという表現もわかりにくいことから，最近アメリカでは，サービス・ポテンシャルズの代わりに「将来の経済的便益」（future economic benefits）という表現がよく用いられている[3]。加古宜士も，今みたように「将来において発現すると期待される経済的利益」という表現を用いている。

　わが国の討議資料『財務会計の概念フレームワーク』によれば，資産（assets）とは，過去の取引または事象の結果として，報告主体（entity）が支配（control）している経済的資源（economic resources），またはその同等物と定義している。ここでいう支配とは，所有権の有無にかかわらず，報告主体が経済的資源を利用し，そこから生み出される便益を享受できる状態をいう。経済的資源とは，キャッシュの獲得に貢献する便益の集合体（benefits）をいう。これは市場での処分可能性（marketability）を有する場合もあれば，そうでない場合もある。なお，経済的資源の同等物とは，典型的には，将来において支配する可能性のある経済的資源をいう。この定義は，前述したＡＡＡのものとほぼ同様のものであるといえる。

　また，ＦＡＳＢの資産の定義も，過去の取引または事象の結果として，ある特定の実体により取得または支配されている，発生の可能性の高い将来の経済的便益であるとしている。「発生の可能性の高い」という用語を定義に含めているが，これは，事業及びその他の経済活動は，結果のほとんどが確実でないという不確実性によって特徴づけられる環境のなかで起こるということを認めることを意図しているといえる[4]。

② 資産の分類
A 流動・固定分類

　資産を流動と固定とに分類するのは，資金循環のプロセス（特に循環期間）を重視し，企業の財務流動性，特に短期支払能力を判断するにあたり有用な表示をするためである。流動と固定の分類基準には，1年基準（ワン・イヤー・ルール）と正常営業循環基準があり，企業会計原則では両基準の併用を指示している。B／S原則四において，「資産，負債及び資本の各科目は，一定の基準に従って明瞭に分類しなければならない。㈠資産は，流動資産に属する資産，固定資産に属する資産及び繰延資産に属する資産に区別しなければならない。仮払金，未決算等の勘定を貸借対照表に記載するには，その性質を示す適当な科目で表示しなければならない」と規定し，さらに注解【注16】に具体的な流動・固定の区分の適用例が示されている。

　1年基準（ワン・イヤー・ルール）とは，貸借対照表日の翌日から起算して1年以内に費用化，決済，あるいは期限が到来するものを流動項目とし，1年を超えて費用化，決済，あるいは期限が到来するものを固定項目とする分類基準である。

　正常営業循環基準とは，当該企業の主目的である営業取引により生じた仕入債務・売上債権・棚卸資産及び現金を流動項目とし，それ以外を固定項目とする分類基準である。

　この2つの基準を適用しながら，流動資産と固定資産（繰延資産はその性質の特殊性から分類の問題は生じない）に分類していくが，原則として，まず正常営業循環基準が適用され，これで分類できない項目については1年基準が適用される。なお，有価証券についての分類は他の資産と異なるので，その詳細は後述する。

【a】 流動資産

　流動資産とは，現金及び比較的短期間のうちに回収または販売等により現金となる資産，もしくは比較的短期間のうちに費用化する資産をいう。

　流動資産は，当座資産，棚卸資産，その他の流動資産に分類される。当座資

産は，現金・預金，金銭債権，売買目的有価証券等をいう。棚卸資産は，商品，製品，半製品，原材料，仕掛品等を指す。その他の流動資産には，1年以内に費用化する前払費用，1年以内に回収される未収金，立替金，前払金，未収収益等が含まれる。

【b】 固定資産

固定資産とは，通常の営業過程において，使用または利用目的で長期的に所有する資産，他会社を支配する目的もしくは取引上の便宜を得る目的で所有する株式または出資金，長期的利殖を目的として所有する有価証券，償還期限または費用化が貸借対照表の翌日から1年を超える債権または長期前払費用等を指す。

固定資産は，有形固定資産，無形固定資産，投資その他の資産に分類される。

B 貨幣・非貨幣分類

この分類は，財の経済的性格を重視したものである。

【a】 貨幣性資産

貨幣性資産とは，未だ収益獲得のための財貨または用役に投下されていないか，または既にそのような投下過程を終了して回収され，次の新たな収益獲得のために投下されるのを待機中の資本をいう。貨幣性資産の評価は，原則として回収可能額（収入額）による。

貨幣性資産に属する主な項目は，現金，預金，受取手形，売掛金，売買目的有価証券，立替金，未収金，未収収益，貸付金等である。

【b】 非貨幣性資産

非貨幣性資産とは，回収可能性がありまたは投下資本の効果が将来になお持続する未回収の投下資本をいう。これには，企業内部に投下され経営活動の進行に伴って費用化する費用性資産と，企業外部に投下された投下額の直接的な回収が期待される外部投資の資産等がある。非貨幣性資産の評価は，原則として取得原価または支出額による。

非貨幣性資産に属する主な項目は，棚卸資産，有形固定資産，無形固定資産，前払費用，長期前払費用等の費用性資産，建設仮勘定，出資金，関係会社株式

等である。

③ 当座資産

　当座資産とは，現金及び預金その他現金化することが容易な流動資産をいう。具体的には，現金，当座預金，普通預金，受取手形，売掛金，売買目的有価証券等である。

A　現金及び預金

　現金とは，手持ちの貨幣を指し，通貨，小口現金，手許にある当座小切手，送金小切手，送金為替手形，預金手形，郵便為替証書，振替貯金払出証書，株式配当金領収書，期限の到来した公社債の利札等が含まれる。

　預金とは，金融機関に対する預金，貯金及び掛金，郵便貯金，郵便振替貯金並びに金銭信託を指す。ただし，1年以内に期限の到来しないものを除く（1年基準の適用）。

B　金銭債権

　金銭債権とは，一定の金銭をもって支払を受ける権利，つまり貨幣請求権をいい，営業取引により発生した金銭債権である売上債権と，営業取引以外の取引により発生したその他の金銭債権とに分類される。

　貸借対照表価額については，B／S原則五Cにおいて，「受取手形，売掛金その他の債権の貸借対照表価額は，債権金額又は取得価額から正常な貸倒見積高を控除した金額とする」と規定されている。また，注解【注23】により，債権金額より低い価額で取得し，当該取得価額をもって貸借対照表価額とした場合には，その差額に相当する金額を，弁済期に至るまで毎期一定の方法で貸借対照表価額に加算することができる。これをアキュムレーション法という。債権金額と取得価額との差額を，取得してから弁済に至るまでの期間で，当該債権の帳簿価額に加算するとともに受取利息勘定に計上する方法である。

　表示は，主目的たる営業取引から生じる債権については，正常営業循環基準を適用し流動資産とし，破産債権，更生債権及びこれに準ずる債権については，1年基準を適用し，1年以内回収可能なものは流動資産，1年以内回収不能な

ものは固定資産（投資その他の資産）となる。また，主目的以外の取引から生じる債権については1年基準を適用する。

④ 有価証券

最近，わが国においても，企業会計審議会は，平成11年1月22日に「金融商品に係る会計基準の設定に関する意見書」を公表し，平成12年1月31日，日本公認会計士協会は，実務に適用する場合の具体的な指針等を「金融商品会計に関する実務指針（中間報告）について」と題して発表し，引き続き，平成14年9月17日に「金融商品会計に関する実務指針」（会計制度委員会報告第14号）を公表した。

ここでは，この意見書及び実務指針にもとづいて，有価証券に関する部分を簡単にまとめて解説していく。この規定は，原則，平成12年4月1日以後開始する事業年度から実施されている。

A 分類・表示方法

会計上の有価証券とは，証券取引法2条に規定する有価証券をいい，株式，社債，その他の債券をいう。有価証券は金融資産に該当する。

従来，有価証券の分類は，市場性あるいは取引所の相場の有無と所有あるいは保有目的により，流動・固定分類を行うこととなっていたが，次のように改正された。

有価証券については，その属性または保有目的により，売買目的有価証券（時価の変動により利益を得ることを目的として保有する有価証券），満期保有目的の債券（満期まで所有する意図をもって保有する社債その他の債券），子会社株式及び関連会社株式，その他有価証券（売買目的有価証券，満期保有目的の債券，子会社株式及び関連会社株式以外の有価証券）の4つに分類をする。

表示については，売買目的の有価証券及び1年以内に満期が到来する債券は流動資産に表示され，それ以外のものは固定資産の投資その他の資産に表示される。また，親会社株式は，流動資産の区分に他の株式と区別して表示される。

自己株式は，平成13年の自己株式の取得及び保有に係る制限の緩和等を内容

とする商法改正に伴い，表示方法が改正された。旧商法下での表示は，いわゆる資産説の立場にたち，流動資産の部に他の株式と区別して記載する等，自己株式において資産計上が求められていた。

改正商法下での表示は，自己株式の取得及び保有が原則自由になったことを踏まえて，商法施行規則では，資本の部に自己株式の部を設けて，控除する形で記載されることになっている。

また，財務諸表等規則でも，自己株式の取得は資本の払い戻しであるという企業会計の考え（いわゆる資本控除説）から，従来の流動資産あるいは固定資産（投資その他の資産）に計上する旨の規定を削除し，単体ベースでも連結ベースでも自己株式を資本の部の末尾に控除形式で表示するようになった[5]。

B 取得原価の決定

有価証券を購入により取得した場合には，購入代価に購入手数料等の付随費用を加算した価額をもって取得原価とする。重要性の乏しい付随費用は取得原価に加算しないことができる。

有価証券を贈与された場合には，贈与を受けたときの取引所価格，市場価格またはこれに準ずる公正な評価額をもって取得原価とする。

有価証券を払込みにより取得した場合には，その払込金額をもって取得原価とする。なお，発行会社が株式分割を行ったことにより取得した場合には，持株数のみが増加し取得原価には影響を与えない。

C 評　　価

【a】 売買目的有価証券

売買目的有価証券は時価をもって貸借対照表価額とする。また，評価差額については，売却することについて事業遂行上等の制約がないものと認められるので，当期の損益として処理をする。この処理は，第2章第2節で述べたＦＡＳＢの実現可能概念にもとづくものであるとみることができる。

【b】 満期保有目的の債券

満期保有目的の債券は取得原価をもって貸借対照表価額とする。ただし，債券を債券金額より低い価額または高い価額で取得した場合において，取得価額

と債券金額との差額の性格が金利の調整と認められるときは，金利相当額を適切に各期の財務諸表に反映させることが必要であるため，償却原価をもって貸借対照表価額とする。

【c】 子会社株式及び関連会社株式

子会社株式及び関連会社株式は取得原価をもって貸借対照表価額とする。なお，関連会社株式とは関連会社の発行した株式をいうが，関連会社とは親会社及び子会社が出資，人事，資金，技術，取引等の関係を通じて，子会社以外の他の会社の財務及び営業の方針決定に関して重要な影響を与えることができる場合における当該他の会社をいう。

【d】 その他有価証券

その他有価証券は，保有目的等を識別・細分化する客観的な基準を設けることが困難であるため，金融資産の評価に関する基本的な考え方にもとづいて，時価をもって貸借対照表価額とする。

ただし，その他有価証券は，売却することについて事業遂行上等の制約を伴う要素もあり，評価差額を直ちに当期の損益として処理することは適切ではないと考えられるので，その評価差額については，洗い替え方式にもとづき，次のいずれかの方法により処理をする。

【イ】	評価差額（評価差益及び評価差損）の合計額を資本の部に計上する全部資本直入法
【ロ】	評価差益は資本の部に計上し，評価差損は当期の損失として処理する部分資本直入法

なお，資本の部に計上されるその他有価証券の評価差額については，税効果会計を適用し，商法施行規則によれば株式等評価差額金，財務諸表等規則及び連結財務諸表規則によればその他有価証券評価差額金の名称でもって，資本の部において他の剰余金と区分をして記載する。

資本の部に計上されるその他有価証券の評価差額は，第2章第2節で述べた損益計算書には掲載されず，直接，貸借対照表の資本の部に注入される「損益

計算書外持分特殊項目」で，包括利益を構成するものである。

　　【e】　市場価格のない有価証券

　売買目的有価証券やその他有価証券であっても，市場価格のない有価証券については，客観的な時価を把握することができないため，取得原価または償却原価法にもとづいて算定された価額をもって貸借対照表価額とする。

　　【f】　時価が著しく下落した場合

　時価が著しく下落した場合については，従来と同じく，いわゆる強制評価減の考え方が適用される。なお，市場価格のある有価証券について時価が著しく下落した場合の評価減，市場価格のない株式について実質価額が著しく低下した場合の相当の減額，市場価格のない債券について債券の評価に準じた貸倒引当金の設定の3つの取扱いを有価証券の減損処理という。

　満期保有目的の債券，子会社株式及び関連会社株式並びにその他有価証券のうち市場価格のある有価証券については，時価が著しく下落したときは，回復する見込みがあると認められる場合を除き，時価をもって貸借対照表価額とし，評価差損は当期の損失として処理をする。

　市場価格のない株式については，実質価額が著しく低下したときは，相当の減額をし，評価差損は当期の損失として処理をする。

⑤　棚　卸　資　産

A　定　　義

　棚卸資産とは，生産・販売・管理活動を通じて売上収益をあげることを目的として消費される資産である。「連続意見書第四」によれば，棚卸資産に該当するものは，次のどれかに該当する財貨または用役とされている。

　a　通常の営業過程において販売するために保有する財貨または用役
　b　販売を目的として現に製造中の財貨または用役
　c　販売目的の財貨または用役を生産するために短期間に消費されるべき財貨
　d　販売活動及び一般管理活動において短期間に消費されるべき財貨

例をそれぞれ挙げれば，aは商品，製品等，bは半製品，仕掛品等，cは原材料，工場用消耗品等，dは事務用消耗品，包装用資材等である。

B　購入単価の決定

【a】　購入による場合

　棚卸資産を購入によって取得した場合には，購入代価に引取費用等の付随費用を加算した価額をもって取得原価とする。「連続意見書第四」等を考慮すれば，具体的には，次のような算式になる。ただし，重要性の乏しい付随費用は取得原価に加算しないことができる。付随費用には，外部副費と内部副費がある。

　　取得原価＝送り状価額－値引・割戻＋付随費用
　　　　　　＝購入代価＋付随費用

【b】　製造による場合

　棚卸資産を製造により取得した場合には，適正な原価計算基準に従って算定された価額をもって取得原価とする。原価計算手続は，正常な実際原価による。正常な実際原価とは，原価計算基準三(四)でも示されているように，「経営の正常な状態を前提とする」としている。なお，消費量が実際消費量である限り，実際原価であり，価格については予定価格も認められている。

C　原価の配分

　B／S原則五において「資産の取得原価は，資産の種類に応じた費用配分の原則によって，各事業年度に配分しなければならない」とあり，棚卸資産の原価配分とは，棚卸資産原価を，当期の収益に対応する当期の費用と，将来の収益に対応する次期以降の費用に配分することをいう。費用＝消費量×単価の算式で示されるように，棚卸資産の原価配分は，数量計算の方法と単価計算の方法との組み合わせによる。棚卸資産の払出数量の算定法には，継続記録法と棚卸計算法がある。棚卸資産の払出単価の算定方法には，個別法，先入先出法，後入先出法，総平均法，移動平均法，売価還元原価法等がある。

D 単価の修正（評価替）

【a】 損傷・品質低下・陳腐化等

棚卸資産の評価基準として原価基準を採用している場合でも，在庫品に損傷，品質低下，陳腐化等が生じた場合には，必ず評価額の切り下げを行い，評価損を計上しなければならない。その際，いくらまで評価額を切り下げるかという点について2つの考え方がある。

1つは，「連続意見書第四」にある新規取得原価（再調達原価）である。もう1つは，正味実現可能価額または正味実現可能価額から正常利益を控除した価額である。

品質低下評価損や陳腐化評価損等は，正常なものは売上原価に算入するか，販管費に計上され，異常なものは，営業外費用あるいは特別損失に計上される。

【b】 低価基準

低価法の適用による評価損は，売上原価に含めるか，営業外費用に計上される。

【c】 強制評価減

時価が著しく下落し，原価まで回復する見込みがないか，回復する見込みが不明な場合，時価まで評価を切り下げることが要求されている。これを一般に強制評価減という。強制評価減による評価損は，営業外費用あるいは特別損失に計上される。

⑥ 固 定 資 産

固定資産とは，1年基準にもとづき，貸借対照表日の翌日から起算して1年を超えて現金化される資産または現金化されることを本来の目的としない資産をいい，有形固定資産，無形固定資産，投資その他の資産に分類される。

A 有形固定資産

【a】 意 義

有形固定資産とは，当該企業の主たる営業活動のため，原則として，1年以上使用または利用することを目的として所有する資産のうち，具体的な形態を

持つものをいう。具体的には，建物，機械装置，車両運搬具，工具器具備品等の償却資産と，土地，建設仮勘定等の非償却資産とがある。

【b】 取得原価の決定

固定資産の取得原価は，その取得の形態により，次のように決定される。

・購　　入

有形固定資産を購入により取得した場合には，購入代価に購入手数料等の付随費用を加算した価額をもって取得原価とする。

・自家建設

有形固定資産を自家建設した場合には，適正な原価計算基準に従って算定された価額をもって取得原価とする。

・現物出資

有形固定資産を現物出資の対価として受け入れた場合には，出資者に対して交付された株式の発行価額総額をもって取得原価とする。

・交　　換

有形固定資産を有形固定資産との交換により取得した場合には，交換に供された自己資産の適正な簿価をもって取得原価とする。有形固定資産を自己所有の株式，社債等の交換により取得した場合には，当該有価証券の時価または適正な簿価をもって取得原価とする。

・贈　　与

有形固定資産を贈与された場合には，時価等を基準とした公正な評価額をもって取得原価とする。

【c】 資本的支出と収益的支出

有形固定資産に関する支出には，資本的支出と収益的支出とがある。

資本的支出とは，その支出により当該固定資産の耐用年数が伸びるか給付能力が増大する場合のもので，この支出は当該有形固定資産の取得原価に算入される。収益的支出とは，その支出が単に現状を維持するにとどまる場合のもので，このような支出は，取得原価に算入せず，支出した年度に修繕費として費用処理される[6]。

【d】 原価配分（減価償却）

固定資産の原価配分とは，固定資産原価を，経済的用役が費消された分の原価と，未費消分の原価に配分することをいう。

減価償却とは，有形固定資産の原価を使用できる各会計期間に，あらかじめ定められた一定の計画にもとづいて，計画的，規則的に配分し，同一価額だけ資産価額を減少させていく会計手続である。

減価償却の目的は，適正な費用（原価）配分を行うことにより，毎期の損益計算を正確ならしめることである。このために，減価償却は，所定の減価償却方法に従い，計画的，規則的に実施されなければならないわけで，これを正規の減価償却と呼ぶ。

有形固定資産の減価には，物的減価と機能的減価がある。

減価の種類には，通常減価と偶発減価がある。

【e】 減価償却の計算要素・計算方法

・減価償却の計算要素

減価償却の計算要素には，償却基礎価額（取得原価），残存価額，償却基準の3つがある。

償却基礎価額は，有形固定資産の取得原価，つまり有形固定資産の取得に要する支出額をいう。

残存価額は，耐用年数到来時，あるいは総利用可能量の利用終了時において予想される売却価額や利用価額等の総収入額をいい，見積りにより決定される。

償却基準には，耐用年数と利用度がある。

・計算方法

固定資産は，棚卸資産と違って，その費消部分を物量的に把握することができないので，耐用年数や利用度を償却基準として用いて，減価償却が計算される。

耐用年数とは，固定資産の使用可能期間をいう。耐用年数を償却基準とする計算方法には，定額法，定率法，級数法がある。

利用度を償却基準とする計算方法には生産高比例法等がある。

【f】 減価償却の単位

減価償却は，減価償却単位の設定にもとづいて，個別償却と総合償却がある。

個別償却とは，個々の有形固定資産ごとに減価償却費を計算，記帳する方法をいう。

総合償却とは，2つ以上の有形固定資産を一括して減価償却費を計算，記帳する方法をいう。さらに，総合償却には，多数の異種資産群（耐用年数を異にする資産群）に適用するいわゆる狭義の総合償却と，性質や用途に共通性を有する資産群や耐用年数の等しい同種資産群に適用するいわゆる組別償却（グループ償却）がある。

B 無形固定資産

【a】 意　義

無形固定資産とは，具体的な物財ではないが，長期にわたり経営活動において利用されるもので，収益を獲得するうえで他企業との競争にあたり有用なものをいう。

無形固定資産には，法律上の権利と経済的な財産がある。具体的には，法律上の権利は，特許権（特許法），商標権（商標法），意匠権（意匠法），著作権（著作権法），借地権（借地法，借地借家法），鉱業権（鉱業法），地上権（民法）等である。経済的な財産は営業権（のれん），ソフトウェアである。

ＩＡＳ第38号では，「無形固定資産は，商品またはサービスの生産または供給に使用するため，自己以外に賃貸するため，あるいは管理目的のために所有する，物質的実体のない識別可能な非貨幣資産である。資産とは，以下の条件を満たす資源である。(ｱ)過去の事象の結果として，企業が支配しており，かつ(ｲ)将来の経済的便益が，企業へ流入することが期待できる。」と定義されている。

さらに，ＩＡＳは，いくつかの認識規準を加え，計上の可否を厳密に規定している。その認識規準とは，「(ｱ)資産に起因する将来の経済的便益が，企業に流入する可能性が高い。及び(ｲ)資産の取得原価を信頼性を持って測定できる。」である。内部創出の無形固定資産に対しては追加的な認識規準が設けら

れている[7]。

　わが国の会計基準では,のれんや鉱業権等にかかわる支出を無形固定資産としているが,ＩＡＳでは無形固定資産の対象にはしていない。

　【b】　取得原価の決定

　無形固定資産を有償で取得した場合には,その支払対価をもって取得原価とする。営業権以外の無形固定資産を無償で取得した場合には,公正な評価額をもって取得原価とする。

　【c】　営　業　権

　営業権（のれん）とは,ある企業が経営に成功し,その平均収益力が同種他企業のそれよりも大きい場合,その超過収益力をいう。のれんは,企業の物的組織または人的組織に存在する超過収益力の要因である組織価値であるといえる。

　ただし,Ｂ／Ｓ原則五Ｅの注解【注25】に「営業権は,有償で譲受け又は合併によって取得したものに限り貸借対照表に計上し,毎期均等額以上を償却しなければならない」とあるように,営業権の計上が制限されている。

　これは,企業外の第三者に対価を支払うという取引が伴わない場合に,営業権の資産計上を認めることは,未実現利益の計上を意味することになるからである。営業権の計上は,他企業の買収や合併等によって取得する買入のれんに限定され,企業の経営努力によって創出される自己創設のれんについては認められていない。

　また,営業権の償却については,次のような償却不要説と償却必要説とがある[8]。

　償却不要説によれば,営業権は,企業活動の継続によって,その価値が増大することはあっても減退することは考えられないので償却の必要性はないとされる。これに対して償却必要説によれば,営業権は,企業活動の継続によってその価値が維持されているようにみえるが,それは有償取得の営業権が減退する一方で,自己創設の営業権が発生しているからにほかならないとされる。したがって,有償取得の営業権を償却しないことは,自己創設の営業権を資産化

するのと同じ結果となる。このように自己創設の営業権を資産化することは，無償取得のれんを認めることとなるが，その客観的測定は一般に困難であるので否定されるべきである。しかも有償取得の営業権自体は，その価値を減少させているのであるから償却を要すると主張されるのである。

自己創設のれんについては，IASBでもFASBでも資産計上は禁じられている。資産計上されたのれんについては，IASBでは20年以内に償却，FASBでは償却しないこととされている。また，わが国においては，IASBと同様，減損を認識することとなっている。FASBでは，のれんは償却せず，減損テストが実施されて，減損損失を計上するという点が特徴的である[9]。

【d】 ソフトウェア

ソフトウェアとは，コンピュータを機能させるように指令を組み合わせて表現したプログラム等をいう。ソフトウェア制作費にかかる会計処理は，従来の取得形態別ではなく，制作目的別に会計処理を行う。研究開発目的のソフトウェア制作費は研究開発費として処理される。研究開発目的以外のソフトウェア制作費にかかる会計処理は次のようになる。

・受注制作のソフトウェアにかかる会計処理

受注制作のソフトウェアの制作費は，請負工事の会計処理に準じて処理する。

・市場販売目的のソフトウェアにかかる会計処理

市場販売目的のソフトウェアである製品マスターの制作費は，研究開発費に該当する部分を除き，資産として計上する。ただし，製品マスターの機能維持に要した費用は，資産として計上してはならない。

・自社利用のソフトウェアにかかる会計処理

ソフトウェアを用いて外部へ業務処理等のサービスを提供する契約等が締結されている場合のように，その提供により将来の収益獲得が確実であると認められる場合には，適正な原価を集計したうえ，当該ソフトウェアの制作費を資産として計上する。

社内利用のソフトウェアについては，完成品を購入した場合のように，その利用により将来の収益獲得または費用削減が確実であると認められる場合には，

当該ソフトウェアの取得に要した費用を資産として計上する。

　市場販売目的のソフトウェア及び自社利用のソフトウェアを資産として計上する場合には，無形固定資産として計上する。

　　【e】　償　　　却

　無形固定資産の償却は，償却資産については計画的，規則的償却が行われ，非償却資産については原価配分されない。償却方法は，法律上の権利については，法定有効年限（あるいは税法上の償却期間）を上限として償却をする。営業権については，前述したように，理論的には，償却不要説と償却必要説とがあるが，わが国の企業会計原則ではB／S原則五E注解【注25】にあるように後者の立場にたち，商法においても，商法施行規則33条にて5年以内に毎期均等額以上の償却をすることを要求している。

　商法施行規則の規定によれば，有償取得または吸収分割もしくは合併によって取得した場合について，のれんを計上することを容認してはいるが，その具体的な計上基準について言及するところはなく，それゆえ，合併におけるのれんの計上は，企業会計における理論やその解釈に依存せざるを得ないといえる[10]。

　無形固定資産は，原則として，残存価額をゼロとした定額法で償却されるが，鉱業権については生産高比例法の適用も認められている。ソフトウェアの資産計上されたものの償却は，ソフトウェアの性格に応じて合理的な方法によりなされる。

C　投資その他の資産

　投資その他の資産（商法施行規則においても，財務諸表等規則と同様に「投資その他の資産」になる）については，B／S原則四㈠Bにて「子会社株式その他流動資産に属しない有価証券，出資金，長期貸付金並びに有形固定資産，無形固定資産及び繰延資産に属するもの以外の長期資産は，投資その他の資産に属するものとする」と規定されている。

　子会社その他流動資産に属しない有価証券とは，売買目的有価証券ではなく，長期利殖目的の有価証券等で，投資有価証券や関係会社株式等の勘定科目で処

理されるものである。

出資金の具体的内容は，有限会社の社員の持分その他出資による持分をいう。

有形固定資産，無形固定資産及び繰延資産に属するもの以外の長期資産の具体的内容は，期限が1年を超えて到来する長期の預金，破産債権や更生債権で貸借対照表日の翌日から起算して1年以内に回収不能のもの，差入保証金，回収期限が1年を超えて到来する未収金，1年を超える期間を経て費用となる長期前払費用等である。

⑦ 繰延資産

A　意　義

繰延資産とは，企業会計原則ではB／S原則一Dにて「将来の期間に影響する特定の費用」とされ，さらに注解【注15】でその内容について「既に代価の支払が完了し又は支払義務が確定し，これに対応する役務の提供を受けたにもかかわらず，その効果が将来にわたって発現するものと期待される費用」とある。そしてこの特定の費用は，「その効果が及ぶ数期間に合理的に配分するため，経過的に貸借対照表上繰延資産として計上することができる」と規定している。

このように繰延資産とは，役務の提供を受け，これに対する支出を行った（もしくは支払義務が確定した）が，それを全額その支出された会計期間の費用とせず，支出以降の数期間にわたる費用とするために設けられる貸借対照表の借方項目である。これは，損益計算において，支出された期に全額が費用とされなかったということにもとづくもので，繰延資産の経済的価値を評価して資産計上されているというわけではない。

B　繰延べの根拠

既に財貨，用役を消費しているのに，消費した期の費用とはせずに次期以降に繰り延べる根拠について，次の2つの考え方がある。

1つ目は，効果の発現に着目し，これを費用収益対応の原則と関係させる考え方である。企業が財貨，用役を消費するのは，そのことにより収益獲得や費

用節減という効果を得ようとするからである。この効果は，直接的なものもあれば間接的なものもあり，また，消費と同時に効果が得られるものもあれば，消費してから効果が発現するまで時間を要したり，効果が長期間に及ぶものもある。よって，繰延資産とは，効果が発現した期の収益に対応させて費用に計上するために繰り延べられたものであるとする考え方である。

　2つ目は，財貨，用役を消費した期に，それに要した支出額を全額費用として計上すると，収益が小さい場合にはこれを負担することはできず会計政策上好ましくなく，一会計期間の費用とはせず，複数の会計期間に負担させるために繰延処理を行うという考え方である。

C　繰延資産の内容

　B／S原則四㈠Cによれば，繰延資産とされるものは，創立費，開業費，新株発行費，社債発行費，社債発行差金，開発費，試験研究費及び建設利息である。商法においては，他の計算規定と同様，商法施行規則に規定があり，35条から41条に記載されている。

　商法会計では，債権者保護の観点から，資産は換金性を有するものに限定しているが，期間損益計算の適正化との調整により，繰延資産の計上を認めている。よって，繰延資産の計上には次の制約条件を設けている。項目を限定し資産の計上は当該企業の任意であること，計上した場合には早期に強制償却すること，配当制限の規定を設けていることである。

　では，商法施行規則に沿って，繰延資産についてその内容を簡単にみていく。

【a】　創　立　費

　会社を設立するのに必要な支出であり，会社負担の設立費用，発起人への報酬，設立登記の登記費用等が含まれる。

　償却については，理論的には，支出の効果は企業が存続する限り全期間に及ぶものと考えられるが，商法の要請により，会社成立後もしくは建設利息支払後5年以内に毎期均等額以上の償却をすることとなっている（商法施行規則35条）。

第5章 財務諸表の構造

【b】 開 業 費

　会社設立後，営業開始までの開業準備のための支出額であり，土地や建物の賃借料，広告宣伝費，通信費，旅費交通費，水道光熱費，使用人の給料，事務用消耗品費，支払利子等が含まれる。

　償却については，理論的には創立費と同様であるが，商法の要請により，開業後5年以内に毎期均等額以上の償却をすることとなっている（商法施行規則36条）。

【c】 研究費及び開発費

　研究費とは，新製品または新技術開発のために行う研究のため特別に支出した費用をいい，企業が現に生産している製品または採用している製造技術の改良のために常時行う研究のための費用は含まれない。

　償却については，理論的には，研究の効果が及ぶ期間に費用として償却すべきであると考えられるが，商法の要請により，支出後5年以内に毎期均等額以上の償却をすることとなっている。

　開発費とは，新技術の採用，新経営組織の採用，資源の開発及び市場の開拓等のための特別な支出をいい，経常的な性格のものは除かれる。

　なお，「研究開発費等に係る会計基準」（平成10年3月13日）に規定する研究開発費とは区別される。ここでは，研究とは「新しい知識の発見を目的とした計画的な調査及び探求」であり，開発とは「新しい製品・サービス・生産方法についての計画若しくは設計又は既存の製品等を著しく改良するための計画若しくは設計として，研究の成果その他の知識を具体化すること」とされ，研究開発費はすべて発生時に費用として処理することとされている。

　償却については，理論的には，開発の効果が及ぶ期間に費用として償却すべきであると考えられるが，商法の要請により，支出後5年以内に毎期均等額以上の償却をすることとなっている（商法施行規則37条）。

　ＩＡＳＢでは，研究から生ずる費用はすべて費用処理されるが，開発から生ずる費用は，一定の判断要件を立証できる場合には，資産計上処理が強制されている。ＦＡＳＢでは，わが国と同様，すべて発生時に費用として処理される。

【d】 新株発行費等

　会社が成立した後，新たに株式を発行する場合に直接支出した費用で，新株募集のための広告費，銀行や証券会社の取扱手数料，株式申込証や株券等の印刷費，変更登記の登録税等が含まれる。なお，会社成立時に発行する株式に関する費用は，創立費として処理される。

　償却については，理論的には，支出の効果は新株発行以降の全存続期間に及ぶと考えられるが，商法の要請により，新株発行後3年以内に毎期均等額以上の償却をすることとなっている（商法施行規則38条）。

　なお，新株予約権を発行した場合についても，新株発行費と同様の会計処理がなされる。新株予約権とは，その権利行使によって，あらかじめ定められた価額で株式を取得することができる権利をいう。

【e】 社債発行費

　社債を発行するために直接支出した費用で，社債募集のための広告費，銀行や証券会社の取扱手数料，社債申込証や社債券等の印刷費，社債登記の登録税等が含まれる。

　償却については，理論的には，支出の効果は社債が発行されてから償還されるまでの期間に及ぶと考えられるが，商法の要請により，社債発行後3年以内に毎期均等額以上の償却をすることとなっている（商法施行規則39条）。

【f】 社債発行差金

　社債を割引発行した場合の券面額と発行価額との差額をいう。社債発行差金の性質については，理論上，前払利息説と評価勘定説の2つの学説がある。

　前払利息説とは，社債の割引発行は，額面金額による名目利率が一般市場金利よりも低い場合に，割引発行により応募者の実質利率を引き上げ，応募条件を有利にするために行われるもので，社債発行差金は，いったん社債額面の現金を起債会社が受け取った直後に，応募者に対して支払った利息の前払いとみなす考え方である。

　評価勘定説とは，資産はそれを取得するための支出額で評価されるのと同様に，負債はそれを負担するにあたっての収入額で評価されるべきであり，社債

発行差金を，額面金額によって負債に計上された社債勘定から控除すべき評価勘定とみる考え方である。

　償却については，その効果は償還期限までに及ぶものと考えられ，商法上も，償還期限内に毎期均等額以上の償却をすることとなっている（商法施行規則40条）。

【g】 建設利息

　電気，ガス，鉄道等のように，会社の目的とする事業の性質により，会社成立後2年以上にわたってその営業の全部を開始することができない場合に，商法291条1項により，開業前の株主に対する配当支払額を建設利息という。

　この建設利息の性格については，前払利息説と資本払戻説の2つの学説がある。前払利息説によれば，建設利息は，将来の利益のなかから支払われるべきものをあらかじめ繰り上げて支払われたものとする見方である。資本払戻説によれば，建設利息は，株主が払い込んだ資本の一部を払い戻したものとみる考え方である。

　償却については，2つのいずれの立場にたっても，理論的には，利益処分であるためその償却額は利益処分計算書に記載されるが，その償却期間について特別の主張はない。商法は，建設利息は，1年当たり資本金の100分の6を超える配当を行うごとに，その超過額と同額以上の償却をすることとしている（商法施行規則41条）。

(4) 負 債 会 計

① 負債の概念

　負債とは，当該企業が負うべき経済的負担であって，かつ，貨幣額によって合理的に測定できるものをいう[11]。

　別の定義を紹介すれば，負債とは，貨幣，財貨，用役等の資産の提供を受けたが，それに見合う貨幣，財貨，用役等の資産の引き渡しが終了していないために将来において生ずる引き渡しに関する義務をいう。この定義には，負債には，過去における資産の受け入れという要素と，将来における資産の引き渡し

という要素が含まれており，どちらを重視するかにより負債について異なる考え方ができることになる[12]。

このいずれの立場にたつかということは，負債の認識，測定の問題と大きく関係してくる。過去における資産の受け入れという要素を重視する考え方にたてば，負債は当初の取引価格である資産の受入額が問題となり，取得原価主義会計では，負債は収入と結びついて理解されることになる。例えば，借入金の場合，現金という資産の受入時点で認識され，受入額で測定されることになる。

これに対して，将来における資産の引き渡しという要素を重視する立場は，FASBによる，負債は「経済的便益の将来での発生の可能性の高い犠牲である。そして，その経済的便益の犠牲は，過去の取引あるいは事象の結果として，将来において特定の経営体が他の経営体に対して，将来，資産を引き渡しあるいは用役を提供するという現時点での犠牲から生ずる」という表現にみることができる。ここでいう経済的便益とは資産である。つまり，この考え方は，資産のマイナスを負債とし，負債は資産の払出（支出）と結びついているといえる[13]。

また，IASB（IASC）における負債の定義は，「過去の事象から発生した当該企業の現在の債務であり，これを決済することにより経済的便益を包含する資源が当該企業から流出する結果になると予想されるもの」となっている[14]。

わが国の討議資料『財務会計の概念フレームワーク』によれば，負債（liabilities）とは，過去の取引または事象の結果として，報告主体が支配している経済的資源を放棄もしくは引き渡す義務，またはその同等物をいうとしている。ここでいう義務の同等物には，法律上の義務に準ずるものが含まれる。

IASB（IASC）によれば，負債の基本的特徴は，企業が現在の債務を負っていることであるとし，現在の債務を履行するために企業は，通常，相手方の請求権を満足させるために，経済的便益を引き渡すことになるとしている。また，負債のなかには，かなりの程度の見積りを用いることによってのみ測定できるものがあるとし，引当金も負債に含まれる旨を述べている[15]。

第5章 財務諸表の構造

さて，企業会計の負債には，法律上の債務と法律上の債務ではない会計的な負債に分かれる。法律上の債務は，さらに，確定債務と条件付債務に分かれる。

確定債務とは，法律や契約により相手方である債権者，債務の履行期日及びその金額が確定しているものを指す。例えば，支払手形，買掛金，借入金，社債等である。

条件付債務とは，一定の契約条件が発生した際に，履行義務が確定する債務を指す。例えば，退職給付引当金や製品保証引当金等である。

一方，会計的な負債とは，期間損益計算または実質優先主義の観点から計上される経済的負担を指す。例えば，修繕引当金，未払費用，リース債務等である。

実質優先主義とは，取引または事象の経済的実質が法的形式と異なっている場合には，経済的実質を重視する立場をいう。リース債務の計上は，実質優先主義の観点からの計上である。

なお，今までみてきた負債を狭義の負債とすると，広義の負債といった場合には，保証債務等の偶発債務も含まれる。

② **負債の分類・概要**

B／S原則四(二)では，負債を流動負債と固定負債の2つに区分することが規定されている。流動・固定の分類は，当該企業の流動性（支払能力）を明示するためのものである。

流動負債には，正常営業循環基準により，企業の主目的たる営業取引によって生じた債務と，1年基準により，企業の主目的たる営業取引以外の原因から生じた債務で，貸借対照表日の翌日から起算して1年以内に支払期限が到来するもの，通常1年以内に使用される見込みの引当金，経過勘定項目（未払費用，前受収益）が含まれる。

企業の主目的たる営業取引によって生じた債務には，支払手形，買掛金（通常の営業取引により生じた未払金等も含む），前受金等が含まれる。通常の取引以外の取引にもとづいて発生した支払手形については1年基準を適用する。

77

企業の主目的たる営業取引以外の原因から生じた債務には，預り金，短期借入金，未払金（通常の営業取引以外の取引により生じたもの）等が含まれる。
　通常1年以内に使用される見込みの引当金は，製品保証引当金，売上割戻引当金，返品調整引当金，工事補償引当金，賞与引当金，修繕引当金，債務保証損失引当金等である。
　固定負債には，社債や長期借入金等の長期債務，通常1年を超えて使用される見込みの引当金が含まれる。
　社債とは，企業が社債券を発行して資金調達を行ったことから生じる債務である。商法上発行が認められているのは，普通社債，新株予約権付社債（従来の転換社債，新株引受権付社債）である。新株予約権（ワラント）とは，会社に対して一定の期間，あらかじめ定めた一定の価格で新株の発行を請求することができる権利をいう。その権利が行使されたときには，会社がその権利者に対して新株を発行し，またはこれに代えてその有する自己株式を移転する義務を負う（商法280条ノ19）。新株予約権付社債とは，新株予約権が付された社債をいい，新株予約権の行使または社債の償還により新株予約権または社債の一方が消滅する場合を除き，新株予約権または社債の一方だけを譲渡できない非分離型の複合金融商品の1つである（商法341条ノ2・1項，4項）。
　新株予約権付社債には，新株予約権行使時に行使価格を現金払込するもの（従来の非分離型新株引受権付社債であり，狭義の新株予約権付社債）と，現金に代えて社債部分で充当する代用払込（従来の転換社債）とがある。
　新株を発行する現金払込のケースでは，社債は新株予約権のない普通社債として存続しつつ，現金の払い込みによって新株が発行するために，会社の総資産及び資本金が増加することになる。つまり，新株予約権付社債発行時には，社債部分を額面金額で負債に計上し，新株予約権行使時に負債から資本に振り替えることなく，現金を対価とする資本の増加を認識することになる。
　新株を発行する代用払込のケースでは，新株予約権の行使によって社債が消滅し，その代用払込によって新株が発行されるため，会社の資本金は増加するが負債は減少するので，総資産は変わらない。つまり，新株予約権付社債発行

時には，社債部分を額面金額で負債に計上し，新株予約権行使時に負債から資本に振り替えることになる。

なお，新株発行を伴う社債については，発行価額を社債部分とワラント部分とに区分し，ワラント部分を独立に認識，測定する区分法と，発行価額を社債部分とワラント部分とに区分しない一括法がある[16]。

社債の発行形態には，平価発行，割引発行，打歩発行がある。また社債の償還形態には，その償還の時点から定時償還と随時償還があり，また償還の金額により一括償還と分割償還がある。

通常1年を超えて使用される見込みの引当金には，退職給付引当金，特別修繕引当金等が挙げられる。

③ 引当金の会計

A 意 義

企業の活動業績を反映した適切な期間損益計算を行うためには，未だ財貨または役務の消費が確定しておらず，支出または支払義務の確定がなされていない場合であっても，費用もしくは損失を見越し計上する必要がある。

引当金について企業会計原則の注解【注18】では，「将来の特定の費用又は損失であって，その発生が当期以前の事象に起因し，発生の可能性が高く，かつ，その金額を合理的に見積ることができる場合には，当期の負担に属する金額を当期の費用又は損失として引当金に繰入れ，当該引当金の残高を貸借対照表の負債の部又は資産の部に記載するものとする」と規定している。

この規定は，引当金の設定要件を示しており，一般には次の4つに分解できる。第1に将来の特定の費用または損失であること，第2にその発生が当期以前の事象に起因していること，第3に発生の可能性が高いこと，第4にその金額を合理的に見積ることができることである。

IAS第37号によれば，「引当金とは，時期または金額が不確実な負債をいう。」と定義されている。さらに，引当金の認識規準として，「(ア)企業が過去の事象の結果として現在の債務（法的または推定的）を有しており，(イ)当該債務

を決済するために経済的便益をもつ資源の流出が必要となる可能性が高く，かつ(ウ)当該債務の金額について信頼できる見積りができる場合」を挙げている[17]。

引当金の設定根拠について検討してみる。

まず引当金の設定根拠を，原因発生主義という発生主義の拡張に求めるものである。一般に費用の発生とは，財貨・用役の消費とそれと同時に生じていると推定されている経済価値の減少を意味する。しかし，未だ財貨・用役が消費されていなくても，その原因事実の発生をもって経済価値の減少を把握する考え方があり，これを原因発生主義と呼ぶ。

また費用収益対応の原則に求める考え方がある。通常は費用の発生が収益の発生よりも時間的に先行するものと考えられるが，収益の発生が費用の発生よりも先行する場合には，費用と収益を対応させるために，収益を認識した期に費用を見越し計上するというものである。

このように引当金が，当期の費用に見越し計上を前提として設定されるのは，この費用収益対応の原則に従って，当期に帰属する収益に対して，当期の帰属する費用を正しく負担させ，もって毎期の損益計算を正確ならしめることを目的としているからである。言い換えれば，引当金の設定は，当期の収益に対応する費用を，発生主義の原則に従って正しく割り当てるために行われるものであるといえる[18]。

B　分　類

引当金は，評価性引当金と負債性引当金に分類される。さらに，負債性引当金は，債務たる負債性引当金と，債務ではない負債性引当金いわゆる旧商法287条ノ2（現行商法施行規則43条）の引当金に分類できる。

評価性引当金は貸倒引当金のみで，特定の資産に対する評価勘定として機能する引当金であり，資産の部に記載される。ちなみに，商法では評価性引当金は引当金として認めていない。商法施行規則30条2項の金銭債権の評価において，その取立不能見込額を控除しなければならないことを規定し，評価性引当金は資産の控除項目であると考え，貸方項目としての引当金としては認められていない。

負債性引当金とは，独立的負債項目として設定された引当金で，負債の部に記載される。債務たる負債性引当金には，製品保証引当金，売上割戻引当金，返品調整引当金，賞与引当金，工事補償引当金，退職給付引当金が含まれ，法的な性質から，ある特定の事象が生じた場合に確定債務に転化する性質の条件付債務である引当金をいう。ちなみに，条件付債務である引当金についても，商法では引当金として認めておらず，法律上の債務であるため当然に負債の部に計上すべきものとしている。

　債務ではない負債性引当金，いわゆる旧商法287条ノ2（現行商法施行規則43条）の引当金とは，商法上認められている引当金ということになり，旧商法287条ノ2では，「特定ノ支出又ハ損失ニ備フル為ノ引当金ハ其ノ営業年度ノ費用又ハ損失ト為スコトヲ相当トスル額ニ限リ之ヲ貸借対照表ノ負債ノ部ニ計上スルコトヲ得」と規定され，具体的には，修繕引当金，特別修繕引当金，債務保証損失引当金，損害補償損失引当金等である。この引当金は，負債ではあるが債務ではないもので，いわば純会計的負債というべきものであって，もっぱら期間損益計算を合理的に行うために設定される引当金であるといえる[19]。

(5) 資本会計

① 資本の概念・分類

　会計学上，資本という用語は様々な用いられ方をし，貸借対照表の借方全体つまり総資産に対応する貸方全体すなわち総資本を指す場合，他人資本つまり負債と対比される場合の自己資本を指す場合，自己資本から留保利益を控除した金額を指す場合，そして株式会社における資本金（法定資本）を指す場合と広狭様々である。

　本項の資本会計で用いる資本は，このなかで，自己資本（株主資本ともいう）を意味し，これは，資産と負債の差額としての純資産にほかならず，株主持分とも呼ばれるものである。

　さて，企業会計原則における貸借対照表の資本の部という場合の資本も自己資本を指す。B／S原則四㈢では，「資本は，資本金に属するものと剰余金に

属するものとに区別しなければならない」とし，さらに注解【注19】において，剰余金とは会社の純資産額が法定資本の額を超える部分をいい，剰余金を資本剰余金と利益剰余金に分けることが規定されている。

　この規定は，一般原則のなかの資本取引・損益取引区別の原則と関係し，企業がその経済活動を営むための元本と，それから生じた果実とを明確に区別し，企業の経営成績，分配可能利益，そして維持すべき資本の額を正しく把握するという目的によるものである。

　資本を源泉別に分類すると，払込資本，受贈資本，評価替資本，稼得資本に分けられる。払込資本とは，株主からの拠出資本である。受贈資本とは，株主以外の者からの拠出資本である。評価替資本とは，物価の上昇により資産を時価まで評価増した場合の資本である。稼得資本とは，企業活動を行うことにより稼得した資本の増加部分であり，利益を源泉とする資本である。

　ここで，資本について，商法上及び証券取引法上の分類をみてみる。

　まず商法上の分類をみてみると，従来，商法計算書類規則では，資本金，法定準備金，剰余金の各部に区分しなければならなかったが，商法施行規則の制定に伴い，単体ベース，連結ベースともに，資本金，資本剰余金，利益剰余金の各部に区分して記載することになった。

　従来の商法上の分類は法的維持拘束性によるものであり，債権者保護の見地から，資本を配当不能部分と配当可能部分とに区分し，資本金と法定準備金は配当不能部分であり，剰余金は配当可能部分であった。

　上記の改定の趣旨は，商法会計における利害調整機能からくる配当可能利益の算定を背景とした配当を制御される法定準備金と，配当可能な剰余金に明確に区分していたものから，企業会計原則にあるように，資本取引から生じた剰余金と損益取引から生じた剰余金に区分する記載に改めるものであったといえる。

　減資差益について資本準備金として積み立てることが必要でなくなり，また，法定準備金の減少手続が創設されたことから，払込資本であるにもかかわらず資本金または資本準備金で処理されないものが生ずる範囲が拡大され，前述し

たように資本の部が改定されることになったのである。よって，資本準備金は株式払込剰余金，株式交換差益，株式移転差益，分割差益及び合併差益から構成されることになった。

また，商法施行規則において，単体ベースでは，資本の部を上記の区分以外に，土地再評価差額金，株式等評価差額金及び自己株式に区分し，連結ベースでは，土地再評価差額金，株式等評価差額金，為替換算調整勘定及び自己株式に区分している。

資本剰余金については，上記の商法上の資本準備金とそれ以外のその他資本剰余金（資本準備金及び法律で定める準備金で資本準備金に準ずるもの以外の資本剰余金）に区分され，資本金及び資本準備金の取り崩しによって生ずる剰余金と自己株式処分差益はその他資本剰余金に記載される。資本金及び資本準備金の取り崩しによって生ずる剰余金は，会計学上性格が同様であると考えられるところから，資本金及び資本準備金減少差益（いわゆる減資差益）と改称されることになった[20]。また，利益剰余金については，利益準備金，任意積立金及び当期未処分利益（または当期未処理損失）に区分される。

次に証券取引法上の分類をみてみる。商法改正により，証券取引法と商法の資本の部の記載はほぼ同様のものとなった。連結ベースでは，資本金，資本剰余金，利益剰余金，土地再評価差額金，その他有価証券評価差額金，為替換算調整勘定及び自己株式に区分し，単体ベースでは，資本金，資本剰余金，利益剰余金，土地再評価差額金，その他有価証券評価差額金及び自己株式に区分される。資本剰余金のその他資本剰余金，利益剰余金についても商法と同様である。

② 払込資本

払込資本は，資本金と資本準備金に分けられる。資本準備金は商法288条ノ2に規定される項目であり，株式払込剰余金，株式交換差益，株式移転差益，分割差益，そして合併差益（ただし，商法288条ノ2・3項により利益準備金として処理されたものを除く）である。資本準備金は，後述する利益準備金とともに法

定準備金を構成し，その使用は，原則として，資本の欠損の塡補及び資本金への組入れに限定されているが，改正商法では，株主総会の決議による法定準備金の取り崩しも認められている。また，従来，資本準備金であった減資差益については，平成13年商法改正により，資本準備金として積み立てを要していた規定が削除された。

A　資　本　金

資本金とは，株式会社における商法上の資本をいい，よって法定資本と呼ばれる。株式会社は株主の有限責任制が特徴であり，資本金は，会社が維持すべき純資産の最低基準額を示すものである。

資本金は，原則として，発行済株式の発行価額の総額である。ただし，平成13年商法改正以前までは株式の発行価額の2分の1を上限として，額面株式については額面金額を超える部分を，また無額面株式については5万円を超える部分を，資本金としないことができた（旧商法284条ノ2）。

しかし，平成13年商法改正により，会社設立時の発行価額に関する規制が廃止されるとともに，額面株式の券面額に関する規制も廃止され，商法上の額面・無額面の別による規制の区別及び額面株式固有の規制が廃止されたため，株式の発行価額の2分の1を上限として資本金としないことができることになった。

また，平成13年商法改正では株式の大きさについての規制撤廃が行われ，それに伴い単位株制度はその存在意義を失うことになったが，一定の株式数ごとに議決権を付与する要請は依然として残っているために，単位株制度を発展的に解消し，新たに単元株制度が導入された。単元株制度とは，会社が定款によって一定数の株式を1単元の株式と定め，1単元の株式について1個の議決権を認め，1単元未満の株主には議決権を認めない制度である。なお，1単元の株式数は，1,000株及び発行済株式総数の200分の1を超えることはできない（商法221条1項，241条1項但書）。

第5章　財務諸表の構造

B　資本準備金

【a】　株式払込剰余金

　株式払込剰余金とは，株式の発行価額中，資本金に組み入れなかった部分であり，実質的・経済的には資本金と同様の性質を持つ（商法288条ノ2・1項1号）。

【b】　株式交換差益

　株式交換差益とは，株式交換により商法に規定する資本金増加の限度額が完全親会社の増加する資本金の額を超える場合の，その超過額をいう（商法288条ノ2・1項2号）。

　ここに完全親会社とは，会社の一方が他方の会社の発行済株式の総数を有する会社，つまり100％の株式を取得した場合の会社をいう。他方の発行済株式の総数を有された会社を完全子会社という（同法352条1項）。また，株式交換とは，既存の会社（完全親会社）が他の会社（完全子会社）の株主からその株式を取得し，その対価として自社の株式を交付することをいう（同法352条2項）。

　ここで簡単な設例を用いて，株式交換差益についてみる。

　仙台株式会社は，盛岡株式会社を株式交換によって完全子会社とした。この株式交換にあたって，仙台株式会社は新株500株を発行し，発行価額のうち1株当たり2万円を資本金に組み入れた。株式交換日現在における盛岡株式会社の諸資産は3,000万円，諸負債は1,000万円であった。この場合の仙台株式会社における仕訳は次のようになる。

```
                                            (単位：万円)
(借) 盛 岡 株 式    2,000    (貸) 資  本  金    1,000
                                  株式交換差益    1,000
```

　　盛岡株式の金額の計算：盛岡株式会社の純資産（諸資産－諸負債）
　　　　　　　　　　　　　＝3,000万円－1,000万＝2,000万円
　　増加する資本金の金額の計算：1株当たりの資本金組入額×株式発行数
　　　　　　　　　　　　　　　　＝2万円×500株＝1,000万円
　　株式交換差益の金額の計算：貸借差額＝2,000万円－1,000万円＝1,000万円

【c】 株式移転差益

株式移転差益とは,株式移転により商法に規定する資本金の限度額が設立した完全親会社の資本金の額を超える場合の,その超過額をいう(商法288条ノ2・1項3号)。

ここに株式移転とは,既存の会社(完全子会社)が自らを100％所有する持株会社(完全親会社)を設立する方式であるが,この場合,既存会社の株式を持株会社に移転し,当該既存会社は当該持株会社が発行する株式の割り当てを受けて,当該持株会社の株主になることをいう(同法364条2項)。

ここで簡単な設例を用いて,株式移転差益についてみてみる。

東京家電販売株式会社は,東京家電製造株式会社とともに株式移転方式によって持株会社東京家電ホールディングスを設立した。この株式移転にあたって,東京家電ホールディングスは,合計500株の新株を発行し,発行価額のうち1株当たり2万円を資本金に組み入れた。株式移転日現在における東京家電販売株式会社の諸資産は3,000万円,諸負債は2,500万円,東京家電製造株式会社の諸資産は4,000万円,諸負債は3,200万円であった。この場合の東京家電ホールディングスにおける仕訳は次のようになる。

```
                                              (単位:万円)
(借)東京家電販売株式    500    (貸)資 本 金        1,000
    東京家電製造株式    800        株式移転差益        300
```

東京家電販売株式の金額の計算:東京家電販売株式会社の純資産(諸資産
　　　　　　　　　　　　　　　　－諸負債)＝3,000万円－2,500万円＝500万円
東京家電製造株式の金額の計算:東京家電製造株式会社の純資産(諸資産
　　　　　　　　　　　　　　　　－諸負債)＝4,000万円－3,200万円＝800万円
資本金の金額の計算:1株当たりの資本金組入額×株式発行数
　　　　　　　　　＝2万円×500株＝1,000万円
株式移転差益の金額の計算:貸借差額＝1,300万円－1,000万円＝300万円

【d】 分割差益

分割差益には,会社分割の方式により,新設分割差益と吸収分割差益がある。会社分割とは,会社の営業の全部または一部を他の会社に包括的に継承させる

ことにより会社を分割する制度をいう。

　新設分割差益とは，新設分割により商法に規定する資本金の限度額が分割により設立した資本金の額を超える場合の，その超過額をいう（商法288条ノ2・1項3ノ2号）。

　ここに新設分割とは，ある会社（分割会社）の営業の全部または一部を会社分割により新設する会社（新設会社）に承継させる方式をいう（同法373条2項）。

　吸収分割差益とは，吸収分割により商法に規定する資本金増加の限度額が分割により営業を承継した会社の増加した資本金の額を超える場合の，その超過額をいう（同法288条ノ2・1項3ノ3号）。

　ここに吸収分割とは，ある会社（分割会社）の営業の全部または一部を会社分割により既に存在する他の会社（承継会社）に承継させる方式をいう（同法374条ノ16）。

　ここで簡単な設例を用いて，分割差益についてみてみる。

　北海道株式会社は，自社を持株会社へと組織変更するために，単独新設分割により九州株式会社を設立した。この株式分割にあたって，北海道株式会社は，九州株式会社株式300株を取得した。九州株式会社は，発行価額のうち1株当たり2万円を資本金に組み入れた。会社分割時における北海道株式会社の諸資産及び諸負債の簿価は，それぞれ3,000万円，2,300万円であった。この場合の北海道株式会社及び九州株式会社における仕訳は次のようになる。

＜北海道株式会社（分割会社）＞

```
                                          （単位：万円）
（借）九 州 株 式    700    （貸）諸 資 産    3,000
     諸　負　債    2,300
```

　九州株式の金額の計算：北海道株式会社の純資産（諸資産－諸負債）
　　　　　　　　　　　　＝3,000万円－2,300万円＝700万円

＜九州株式会社（承継会社）＞

(単位：万円)

(借)諸 資 産	3,000	(貸)諸 負 債	2,300
		資 本 金	600
		会社分割差益	100

資本金の金額の計算：1株当たりの資本金組入額×株式発行数
　　　　　　　　　　＝2万円×300株＝600万円
会社分割差益の金額の計算：貸借差額
　　　　　　　　　　　＝3,000万円－2,300万円－600万円＝100万円

【e】 合 併 差 益

　合併差益とは，合併により受け入れた純資産が，消滅会社の株主に対して交付された株式により増加する資本金額，株主に支払った金銭の額及び消滅会社に移転した自己株式の額を超える額をいう（商法288条ノ2・1項5号）。

　合併とは，契約にもとづいて，複数の会社が1つの会社になることをいう。合併の形態には，吸収合併と新設合併がある。また，合併の本質を考える場合，現物出資説と人格合一説がある。

　現物出資説とは，合併を消滅会社の株主による存続会社への現物出資とみる考え方である。また，人格合一説とは，合併を合併当時，会社の人格が合一して1つの会社になるとみる考え方である。

　合併差益の性格については，現物出資説にたてば，合併により受け入れた純資産額が，その対価として交付する株式数にもとづいて計上する資本金の額を超えた金額が合併差益となることから，その合併差益は株式払込剰余金と同様の性格を持つものと考えられる。この考え方では，受入純資産を公正価値で評価するのが原則である。

　一方，人格合一説にたてば，消滅会社の資産，負債は簿価ですべてそのまま引き継がれるので，資本も原則としてそのままの形で引き継がれることになり，合併差益は生じない。しかし，合併差益が生じないのは合併比率が1対1の場合であり，そうでない場合には合併差益が生じ，この場合は減資差益と同様の

性格を有することになると考えられる。

なお、商法上の特則規定として、上記の超過額のうち消滅会社の留保利益を除いた額を合併差益とすることもできる（同法288条ノ2・5号）。

ここで簡単な設例を用いて、合併差益についてみてみる。

京都商事株式会社は大阪物産株式会社を吸収合併し、大阪物産株式会社株式3株に対して、京都商事株式会社株式2株を交付した。大阪物産株式会社の合併直前の貸借対照表は次のとおりであり、第三者によるその資産の公正な評価額は58,500千円であった。なお、大阪物産株式会社の発行済株式数は13,500株であり、この合併にあたっても京都商事株式会社は交付株式1株当たり500円を資本金に組み入れていた。

大阪物産株式会社貸借対照表 （単位：千円）

諸　資　産	58,000	諸　負　債	51,000
		資　本　金	5,000
		資本準備金	500
		利益準備金	700
		任意積立金	300
		未処分利益	500
	58,000		58,000

＜現物出資説による仕訳＞

（単位：千円）

（借）諸　資　産　58,500　　（貸）諸　負　債　51,000
　　　　　　　　　　　　　　　　　資　本　金　 4,500
　　　　　　　　　　　　　　　　　合　併　差　益　3,000

資本金の金額の計算：13,500株×$\frac{2株}{3株}$×0.5＝4,500千円

合併差益の金額の計算：（58,500千円−51,000千円）−4,500千円
　　　　　　　　　　＝3,000千円

＜人格合一説による仕訳＞

		（単位：千円）
（借）諸　資　産　58,000	（貸）諸　負　債	51,000
	資　本　金	4,500
	資 本 準 備 金	500
	利 益 準 備 金	700
	任 意 積 立 金	300
	未 処 分 利 益	500
	合 併 差 益	500

資本金の金額の計算：13,500株×$\frac{2株}{3株}$×0.5＝4,500千円

合併差益の金額の計算：5,000千円－4,500千円＝500千円

＜商法上の特則規定による仕訳＞

　被合併会社の利益準備金はそのまま引き継ぎ，その他の留保利益は別途積立金として引き継ぐものとする。なお，受入純資産の評価は公正な評価額による。

		（単位：千円）
（借）諸　資　産　58,500	（貸）諸　負　債	51,000
	資　本　金	4,500
	利 益 準 備 金	700
	別 途 積 立 金	800
	合 併 差 益	1,500

資本金の金額の計算：13,500千円×$\frac{2株}{3株}$×0.5＝4,500千円

別途積立金の金額の計算：利益準備金以外の留保利益
　　　　　　　　　　　＝任意積立金＋未処分利益＝300千円＋500千円
　　　　　　　　　　　＝800千円

合併差益の金額の計算：大阪物産株式会社の資本準備金500千円＋評価差額500
　　　　　　　　　　千円＋資本金のうち京都商事株式会社の資本金とならなかった500千円＝1,500千円

【f】 資本準備金の減少・減資差益

　法定準備金に関しては，平成13年商法改正により，法定準備金の減少手続の

導入及び利益準備金の積み立ての見直しが行われた。

　会社は，株主総会の決議をもって，法定準備金の総額から資本金の4分の1に相当する額を控除した額を上限として，法定準備金の減資をすることができる（商法289条2項）。これにより，減資差益を配当原資とすることも可能になったのである。

　法定準備金を減少した場合の財務諸表への表示は次のようになる。資本準備金を減少した場合には，この減少額を利益に含めることはできないので，損益計算書には記載されない。貸借対照表においては，商法施行規則，財務諸表等規則いずれの場合も，その他資本剰余金の部に「資本金及び資本準備金減少差益」として表示される。

　次に減資とは，会社成立後に資本金を減少させることをいう。会社が減資を行う場合には，会社の規模を縮小するために資本金の一部を払戻すケースと，会社に欠損が生じ，これを補塡するために資本金の一部を切り捨てるケースがある。

　減資差益とは，減資により減少する資本金の額が，株式消却または払戻しのために要した金額及び欠損の塡補に充てた金額を超える場合の，その超過額をいう。資本金の取り崩しによって生ずる剰余金も，資本準備金の取り崩しによって生ずる剰余金と同様，その他資本剰余金の部に「資本金及び資本準備金減少差益」の項目をもって記載される。

③　受贈資本

　受贈資本には，国庫補助金，工事負担金，債務免除益等があり，企業会計原則上の「その他の資本剰余金」である。

　ここで，圧縮記帳について説明する。企業会計原則では注解【注24】において，国庫補助金等によって取得した資産について圧縮記帳を容認している。圧縮記帳とは，国庫補助金等により取得した固定資産について，国庫補助金等に相当する金額をその取得原価から控除する処理方法である。

④ 評価替資本

評価替資本には，固定資産評価益，保険差益等がある。評価替資本は，受贈資本とともに，企業会計原則上では資本剰余金に含まれるもので，いわゆる「その他の資本剰余金」である。

企業会計原則では，評価替資本は，物価の上昇による資本価値の修正であり，それを元本たる資本として扱うべきであるとしているのである。また受贈資本については，株主以外の者からの資金の受入れであり，企業自体の立場から，それを元本たる資本として扱うべきであるとしている。

しかし，商法では，株主の有限責任制の観点から，株主が負う責任の限度額を資本としており，評価替資本や受贈資本には資本性を認めていない。

このように，資本剰余金の範囲は，企業会計原則と商法とで相違が見られる。つまり，企業会計原則では，評価替資本や受贈資本を資本剰余金としているが，商法ではこれらを利益としている。

具体的な処理は，評価替資本や受贈資本の計上は，まず損益計算書に特別利益として記載することで当期未処分利益を構成し，株主総会において利益の留保として積み立ての決議を経た後，翌期の貸借対照表の資本の部に記載されることになる。

⑤ 稼得資本

稼得資本は利益剰余金に相当するもので，これは株主総会の利益処分の決議を経ているか否かにより，利益準備金，任意積立金の処分済利益と当期未処分利益に分かれる。

A 利益準備金

利益準備金とは，商法上，積み立てが強制されている利益留保額である。利益準備金の積立額についても，平成13年商法改正により見直しが行われた。具体的には，改正以前までは，旧商法288条により，資本金の4分の1に達するまで，毎期，利益処分として支出する金額の10分の1以上が株主総会の決議により積み立てられ，中間配当をした場合には，中間配当の金額の10分の1が取

締役会の決議により積み立てられることになっていたが，改正により，資本準備金の額と併せて資本金の4分の1に達するまで，利益準備金を積み立てれば足りるということになった。

利益準備金を減少した場合の会計処理について説明する。利益準備金の減少額は，損益計算書における当期純利益または当期純損失の次に記載すべきものの1つである。これは，利益準備金の減少手続により増加することになった未処分利益の額を当期未処分損益の算出に反映させるためである。

法定準備金により資本の欠損を補填する順序は，改正以前までは，まず利益準備金を取り崩し，それが不足する場合にのみ資本準備金の取り崩しが認められていたが，この規定が削除された。

利益準備金は，会計学的には，処分可能性を有するものであるが，商法の要請により，会社の財政的基盤を強固なものにし，債権者保護の見地から，利益の一部を社内に強制的に留保させるものである。

B 任意積立金

任意積立金とは，法律の強制によらず，定款の規定，契約または株主総会の決議等により積み立てられる利益留保額であり，取り崩しも法的制限は加えられていない。任意積立金には，目的を定めた特定目的積立金と，目的を定めない別途積立金がある。

C 未処分利益（未処理損失）

未処分利益または未処理損失は，定時株主総会により，その処分またはその処理が決定される。その金額は次の算式による。

　　前期繰越利益（前期繰越損失）＋積立金の目的に従う取り崩し額
　　＋商法289条2項の利益準備金の減少手続により取り崩された利益準備金
　　－中間配当額－中間配当に伴う利益準備金の積立額
　　＋当期純利益（当期純損失）

なお，この金額がプラスの場合は当期未処分利益，マイナスの場合は当期未処理損失となる。

次に配当可能利益の限度額の計算について説明する。

商法では，株主の有限責任制により，債権者を保護するために，会社の財産が不当に流出することがないように，配当可能利益の限度額を定めている。

商法上，配当可能利益の限度額は，貸借対照表の純資産額より以下の金額を控除した額となっている（商法290条1項，商法施行規則124条）。

a　資本金の額

b　資本準備金及び利益準備金の合計額

c　その決算期に積み立てることを要する利益準備金の額

d　貸借対照表に計上されている開業費・研究費・開発費の合計額がb及びcの合計額を超える場合は，その超過額

e　新株式払込金の部または新株式申込証拠金の部に記載した金額がある場合にはその金額

f　いわゆる金銭債権，社債，株式等について時価評価をした場合において，その付した時価の総額が当該資産の取得価額の総額を超えるときは，時価を付したことにより増加した貸借対照表上の純資産額

商法改正により，市場価格のある金銭債権及び有価証券への時価評価が導入されたが，その時価総額が取得価額総額を超過した場合には，それによって増加した純資産額，つまりその評価益から繰延税金負債を控除した額も純資産額から控除しなければならないことにし，金銭債権，社債，株式等時価評価に係る配当規制を設けた。

具体的に次の2つのケースに分けて，配当可能利益限度額の算定式を示す。

＜貸借対照表に計上されている開業費・研究費・開発費の合計額が，法定準備金（当期利益準備金要積立額を含む）の合計額以下の場合＞

$$（純資産 - 資本金 - 法定準備金（当期利益準備金要積立額を含めない）- 金融商品時価評価益）\times \frac{10}{11}$$

<貸借対照表に計上されている開業費・研究費・開発費の合計額が,法定準備金(当期利益準備金要積立額を含む)の合計額よりも大きい場合>

> 純資産－資本金－金融商品時価評価益－開業費・研究費・開発費

ここで簡単な設例を用いて,配当可能利益限度額についてみてみる。

新潟商事株式会社の平成××年3月31日現在の貸借対照表にもとづき配当可能利益限度額を算定してみる。なお,貸借対照表上の有価証券は売買目的有価証券であり,取得原価は5,000千円である。

新潟商事株式会社貸借対照表 (単位:千円)

現　　　　　金	4,200	買　　掛　　金	18,000
有　価　証　券	5,800	資　　本　　金	150,000
商　　　　　品	8,500	利　益　準　備　金	7,000
建　　　　　物	167,500	任　意　積　立　金	30,000
機　械　装　置	20,000	未　処　分　利　益	36,000
開　　発　　費	35,000		
資　産　合　計	241,000	負債・資本合計	241,000

商法上の剰余金＝純資産額－資本金－法定準備金
　　　　　　　＝(241,000千円－18,000千円)－150,000千円－7,000千円
　　　　　　　＝66,000千円

すべてを配当するとすれば,配当額の10分の1を利益準備金として積み立てるので,配当可能利益限度額を x とすると,$x + \frac{1}{10}x = 66,000$千円より,$x = 60,000$千円となる。

これにより利益準備金が資本金の4分の1を超過するかどうかをみてみると,$150,000$千円 $\times \frac{1}{4} - 7,000$千円 $= 30,500$千円で,$30,500$千円 $> 60,000$千円 $\times \frac{1}{10}$ であるので,利益準備金は資本金の4分の1に達しないことが判明した。

次に,繰延資産及び時価評価差額に係る配当規制についてみてみる。

法定準備金及び利益準備金積立予定額の合計と配当規制の対象となる繰延資産(開発費)を比較する。

　　7,000千円＋6,000千円＜35,000千円

となるので，配当可能利益限度額は

(241,000千円－18,000千円)－150,000千円－(5,800千円－5,000千円)－35,000千円＝37,200千円となる。

2 損益計算書論

(1) 概　　説

　損益計算書原則（以下，「P／L原則」と略す）一において，「損益計算書は，企業の経営成績を明らかにするため，一会計期間に属するすべての収益とこれに対応するすべての費用とを記載して経常利益を表示し，これに特別損益に属する項目を加減して当期純利益を表示しなければならない」と，損益計算書の本質が規定されている。

　損益計算書は，収益から費用を控除した金額を利益として表示する報告書であり，会計期間における経営成績を明らかにするものである。ここに，収益とは，企業の経済活動の成果としての資本増加の原因となる事実を指し，費用とは，成果を得るための努力としての資本減少の原因となる事実を指す。

　討議資料『財務会計の概念フレームワーク』によれば，収益（revenues and gains）とは，純利益または少数株主損益を増加させる項目であり，原則として資産の増加や負債の減少を伴って生じるとし，費用（expenses and losses）とは，純利益または少数株主損益を減少させる項目であり，原則として資産の減少や負債の増加を伴って生じると規定されている。

　また，損益計算書の表示方法には，当期業績主義にもとづくものと包括主義にもとづくものがある。

　当期業績主義とは，損益計算書における利益を企業の正常な収益力に求め，企業の正常な経営活動に伴い毎期反復的に生ずる収益・費用に限って，つまり経常損益項目のみを表示しようとするものである。よって，この考え方にもとづけば，臨時損益や前期損益修正項目は損益計算書には表示されない。

当期業績主義の主な論拠には，損益計算書の本来の役割は，利害関係者に対して正常収益力（経常的な収益力）を表示することにあり，非経常的な項目を損益計算書に含めると，利害関係者が収益力の判断を誤るおそれがあること等が考えられる。

包括主義とは，損益計算書における利益を企業の処分可能利益に求め，企業の正常な経営活動に伴い毎期反復的に生ずる収益・費用だけではなく，特別損益項目である臨時損益や前期損益修正項目までをも含めたすべての収益・費用を表示しようとするものである。

包括主義の主な論拠には，損益計算書に経常損益のみを表示すると，それはすべての損益を表示するものではなくなり，また経常損益及び特別損益の両者を含めた会計期間の期間比較ができなければ企業の正しい収益力を把握できない等が考えられる。

わが国の今日の制度会計においては，当期業績主義の長所を採り入れ，経常損益と特別損益を明確に区分をした包括主義損益計算書となっている。

(2) 費用・収益会計の基本原則

P／L原則一Aにて，「すべての費用及び収益は，その支出及び収入に基づいて計上し，その発生した期間に正しく割当てられるように処理しなければならない。ただし，未実現収益は，原則として，当期の損益計算に計上してはならない。

前払費用及び前受収益は，これを当期の損益計算から除去し，未払費用及び未収収益は，当期の損益計算に計上しなければならない」とある。

この原則には次の内容が含まれている。まず前段の部分では，費用及び収益の認識基準であるいわゆる発生主義の原則を謳っており，現金及び現金等価物の支出・収入にもとづいて，期間的費用及び収益を計上すべきであることを要請している。費用及び収益の測定の原則としては，収支額基準（収支主義，取引価額の原則）を採っている。この場合の支出額及び収入額は，当期のもののみならず，過去及び将来のものをも含んでいる。

さらにただし書きにおいて，収益の認識基準としてのいわゆる実現主義を謳っており，これは発生主義についで収益認識の第2次の要件であるといえる。つまり，収益の認識は一般的には発生主義ではなく，実現主義によるということになる。

(3) 費用・収益会計各論

本項では，損益計算書の表示の原則を説明し，次にその具体的な内容についてみながら，費用・収益会計について解説する。

① 損益計算書の表示の原則

損益計算書は，ただ様々な収益項目や費用項目が無造作に並んでいるのではなく，ある一定の規則に従って損益が表示されている。この一定の規則がP／L原則にあり，これによれば，損益計算書の明瞭表示を支える基本原則には，区分表示の原則，総額主義の原則及び費用収益対応表示の原則がある。

P／L原則二には，まず「損益計算書には，営業損益計算，経常損益計算及び純損益計算の区分を設けなければならない」とあり，さらにそれぞれの計算については次のようになっている。
「A　営業損益計算の区分は，当該企業の営業活動から生ずる費用及び収益を記載して，営業利益を計算する。

　　二つ以上の営業を目的とする企業にあっては，その費用及び収益を主要な営業別に区分して記載する。
B　経常損益計算の区分は，営業損益計算の結果を受けて，利息及び割引料，有価証券売却損益その他営業活動以外の原因から生ずる損益であって特別損益に属しないものを記載し，経常利益を計算する。
C　純損益計算の区分は，経常損益計算の結果を受けて，前期損益修正額，固定資産売却損益等の特別損益を記載し，当期純利益を計算する。
D　純損益計算の結果を受けて，前期繰越利益等を記載し，当期未処分利益を計算する。」

第5章 財務諸表の構造

ここで，損益計算書のひな形を，財務諸表等規則（様式第3号）によるものを〔資料5－2〕に示す。

〔資料5－2〕 財務諸表等規則による損益計算書

様式第3号
【損益計算書】

区　　　　分	注記番号	前事業年度 （自　平成　年　月　日 至　平成　年　月　日）		当事業年度 （自　平成　年　月　日 至　平成　年　月　日）	
		金　額（円）	百分比（％）	金　額（円）	百分比（％）
Ⅰ　売　上　高			×××		×××
Ⅱ　売　上　原　価					
1　商品（又は製品）期首たな卸高		×××		×××	
2　当期商品仕入高					
（又は当期製品製造原価）		×××		×××	
合　　　計		×××		×××	
3　商品（又は製品）期末たな卸高		×××	×××	×××	×××
売上総利益（又は売上総損失）			×××		×××
Ⅲ　販売費及び一般管理費					
………………		×××		×××	
………………		×××		×××	
………………		×××	×××	×××	×××
営業利益（又は営業損失）			×××		×××
Ⅳ　営業外収益					
受取利息及び割引料		×××		×××	
有価証券利息		×××		×××	
受取配当金		×××		×××	
仕入割引		×××		×××	
投資不動産賃貸料		×××		×××	
………………					
………………		×××	×××	×××	×××
Ⅴ　営業外費用					
支払利息及び割引料		×××		×××	
社債利息		×××		×××	
社債発行差金償却		×××		×××	
社債発行費償却		×××		×××	
売上割引		×××		×××	
………………		×××		×××	
………………		×××	×××	×××	×××
経常利益（又は経常損失）			×××		×××
Ⅵ　特別利益					
前期損益修正益		×××		×××	
固定資産売却益		×××		×××	
………………		×××		×××	
………………		×××	×××	×××	×××

Ⅶ　特別損失				
前期損益修正損	×××		×××	
固定資産売却損	×××		×××	
減　損　損　失	×××		×××	
災害による損失	×××		×××	
…………………	×××		×××	
…………………	×××	×××	×××	×××
税引前当期純利益				
（又は税引前当期純損失）		×××		×××
法人税，住民税及び事業税	×××		×××	
法人税等調整額	×××	×××	×××	×××
当期純利益（又は当期純損失）		×××		×××
前期繰越利益（又は前期繰越損失）		×××		×××
中間配当積立金取崩額		×××		×××
中　間　配　当　額		×××		×××
中間配当に伴う利益準備金積立額		×××		×××
当期未処分利益				
（又は当期未処理損失）		×××		×××

（記載上の注意）
　別記事業を営んでいる場合その他上記の様式によりがたい場合には，当該様式に準じて記載すること。

　わが国の今日の損益計算書は，前述したように，当期業績主義の長所を採り入れた包括主義損益計算書となっているが，これにさらに利益剰余金計算書を加えた「損益及び利益剰余金結合計算書」である。

　P／L原則―Bでは「費用及び収益は，総額によって記載することを原則とし，費用の項目と収益の項目とを直接に相殺することによってその全部又は一部を損益計算書から除去してはならない」とあり，総額主義の原則を謳っている。

　また，費用収益対応表示の原則とは，損益計算書上，費用及び収益をその発生源泉ごとに明瞭に分類し，相互に関連する収益項目と費用項目とを対応して表示すべきことを要請した損益計算書の報告・表示の原則である。このことにより，利害関係者は当該企業の経営成績に関して適切な判断を行うことができるようになるといえる。

② 各区分の損益計算の内容

各区分の損益計算の内容について簡単にみていく。

A 営業損益計算（P／L原則三）

営業損益計算の区分は，売上高，売上原価，販売費及び一般管理費（販管費）により構成されている。まず，売上高から売上原価を控除して売上総利益（または売上総損失）が計算表示され，さらに販管費を売上総利益から控除することにより営業利益（または営業損失）が計算表示される。つまり，この区分では，売上総利益（または売上総損失）と営業利益（または営業損失）の2つの損益が計算表示されている。この区分の損益表示をみれば，企業の本来の営業活動により生じた損益が分かるわけで，営業利益は本来の営業活動の成果を示したものである。なお，売上総利益は，一般的にはいわゆる粗利（荒利）にほぼ相当するものである。

B 経常損益計算（P／L原則四，五）

経常損益計算の区分は，営業損益計算で求めた営業利益をもとに，営業外収益と営業外費用により構成される。つまり，営業利益に営業外収益を加え，営業外費用を控除することにより経常利益（または経常損失）が計算表示される。

営業外収益及び営業外費用とは，経常的な収益及び費用のうち，当該企業の主たる営業活動以外の種々の活動から生ずる収益及び費用をいう。

この区分は，営業活動により生じた営業利益をもとに，主として企業本来の営業活動に付随する財務・金融活動等の営業外の活動により生じた損益を示したものである。よって，経常利益をみれば，毎期経常的に発生する営業活動及び財務・金融活動等の営業外活動による企業の収益力を把握することができる。

C 純損益計算（P／L原則六，七，注解【注12】，八，注解【注13】）

純損益計算の区分は，経常損益計算で求めた経常利益をもとに，特別利益と特別損失によりを構成される。つまり，経常利益に特別利益を加え，特別損失を控除することにより税引前当期純利益（または税引前当期純損失）が計算表示される。

特別利益及び特別損失とは，その発生が臨時的な損益や，期間帰属の観点か

ら当期に属しない期間外の損益であるものを指し,企業会計原則では,これらを臨時損益と前期損益修正とに分けている。

次に,税引前当期純利益(または税引前当期純損失)から当期の負担に属する法人税額,住民税額等を控除して当期純利益(または当期純損失)が表示される。この「当期の負担に属する法人税額,住民税額等」というのは,当期の利益に課せられる法人税,住民税,事業税の金額を指す。

D 当期未処分利益(または当期未処理損失)の計算(P／L原則九)

当期純利益(または当期純損失)までの計算表示が本来の損益計算書の区分であるが,前述したようにわが国今日の制度会計では,損益計算書が「損益及び利益剰余金結合計算書」と呼ばれているように,これに引き続き,前期繰越利益(または前期繰越損失)等を記載して,当期の未処分利益(または未処理損失)の計算を最後に行う。当期未処分利益は,株主総会における実際の処分可能利益である。

注

1) 武田隆二『最新財務諸表論(第6版)』中央経済社,2000年,234-236頁。
2) 加古宜士『財務会計概論(第2版)』中央経済社,1999年,29-30頁参照。
3) 中村忠編『財務会計の基礎知識(第2版)』中央経済社,1998年,31頁。
4) 平松一夫・広瀬義州訳『FASB財務会計の諸概念〔増補版〕』中央経済社,2004年,297頁。
5) ちなみに,証券取引法上連結財務諸表においては,自己株式は,資本に対する控除項目として貸借対照表の資本の部の末尾に記載が求められている。なお,1株あたりの情報についても,1株あたり純資産額の算定に際し,分母は,期末の発行済株式数から自己株式数を控除して計算することになっている。
6) 中村,前掲書,56頁参照。
7) 日本公認会計士協会訳『国際会計基準書2001』同文舘,2001年,712頁。
8) 加古,前掲書,69頁。
9) 小栗崇資・熊谷重勝・陣内良昭・村井秀樹編『国際会計基準を考える:変わる会計と経済』大月書店,2003年,134-135頁参照。
10) 田中久夫編『逐条解説・改正商法施行規則』税務経理協会,2003年,65-66頁参照。
11) 新井清光『現代会計学(第3版)』中央経済社,1991年,111頁。
12) 中村,前掲書,69頁。

13) 同上，71－72頁。
14) 前掲，『国際会計基準書2001』，32頁。
15) 同上，33－34頁参照。
16) 広瀬義州『財務会計（第4版）』中央経済社，2003年，336－337頁，大倉雄次郎『入門　新会計基準の会計と税務』税務経理協会，2003年，129－131頁参照。
17) 前掲，『国際会計基準書2001』，685，687頁。
18) 加古，前掲書，85頁。
19) 新井，前掲書，114頁。
20) 広瀬，前掲書，314－315頁。

第6章 連結会計

1 概　説

(1) 意義及び導入の経緯

　連結決算制度とは，企業が決算情報を開示する場合，親会社のみならず子会社や関連会社を含むグループ全体の決算を公開する会計制度である。また，連結財務諸表とは，法律上は別個の存在でありながら，支配従属関係にある2つ以上の会社からなる企業集団を単一の組織体とみなして，親会社が当該企業集団の財政状態，経営成績及びキャッシュ・フローの状況を総合的に報告するために作成するものであり，連結決算の際には，連結貸借対照表，連結損益計算書，連結剰余金計算書，そして連結キャッシュ・フロー計算書が，中間連結決算の際には，中間連結貸借対照表，中間連結損益計算書，中間連結剰余金計算書，そして中間連結キャッシュ・フロー計算書が該当する。

　ここで，わが国の証取法会計における連結会計制度導入の経緯について簡単にその概要をみてみる。

　昭和42年，関係会社との取引を利用した粉飾決算がからみ倒産する会社が多発し，これに対応する形で，企業会計審議会は「連結財務諸表に関する意見書」を発表した。この意見書は，直ちに連結決算制度を導入することを意図し

たものではなく，連結財務諸表に対する啓蒙的な意味合いを持っていたものであった。一方，証券取引審議会は，同年，「企業内容開示制度等の改善整備について」を公表し，わが国における連結財務諸表制度の早期導入を要望した。

昭和50年，企業会計審議会は「連結財務諸表の制度化に関する意見書」及び「連結財務諸表原則」を公表し，これは，わが国における連結財務諸表制度の第一歩となった。これにより，昭和52年4月1日以後に開始する事業年度より，証券取引法適用会社に対して，連結財務諸表の作成，開示が義務づけられることになった。ただ連結財務諸表の位置づけは，有価証券報告書等の添付書類というものであり，個別財務諸表中心の会計制度であった。

その後，企業を取り巻く国内外の環境の変化に伴い，逐次，改善・整備が図られてきたが，近年，前述したように，単体主体の会計制度から連結主体の会計制度へと大きく転換が図られた。

その具体的な制度改正は，平成9年の企業会計審議会による「連結財務諸表制度の見直しに関する意見書」の公表及び「連結財務諸表原則」（以下，「連結原則」と略す）の改正，さらに，平成11年の「連結財務諸表の用語，様式及び作成方法に関する規則」（以下，「連結財務諸表規則」と略す）の改正というものであった。

平成9年の連結原則の改正点の主なものは，①有価証券報告書の記載について，親会社中心のディスクロージャーから企業集団中心のディスクロージャーへの転換，②子会社，関連会社の範囲の決定について，これまでは子会社は株式の過半数，関連会社は20％以上を保有するといった持株基準を用いていたが，これを支配力や影響力を加味する支配力基準，影響力基準へ変更したこと，③連結キャッシュ・フロー計算書や中間連結財務諸表の導入等である。

このような制度改正を経て，まず金融機関において，平成10年4月1日以後に開始する事業年度より，単独決算中心から連結決算を主体とする開示制度の導入や連結の範囲の見直しが行われ，次いで全業種に対し，平成11年4月1日以後に開始する事業年度より，本格的に連結主体の連結財務諸表制度が実施され，企業情報の開示が連結情報を中心とするディスクロージャーへと転換が図

られた。中間連結財務諸表の作成も，平成12年4月1日以後に開始する事業年度より義務づけられた。

証取法会計における連結財務諸表制度の導入は，まさに情報提供機能を重視する立場からなされるものであるが，利害調整機能を重視する商法会計においても，平成15年4月1日以後開始する事業年度より，大会社に対して連結計算書類制度が導入された。具体的には，商法施行規則第8章「連結計算書類の記載方法等」（142条～179条）及び第9章「連結計算書類の監査等」（180条～192条）に規定がある。

商法会計では，未だ単独決算が主体であるが，連結計算書類制度が導入されたことは，国際会計基準作成の最中，証取法会計の流れに沿うものであったとみることができる。

(2) 連結基礎概念

連結財務諸表が誰の立場に立って作成されるのかという連結基礎概念（従来は連結主体論と呼ばれていた）についてみていく。連結基礎概念には，代表的な概念として，親会社概念と経済的単一体概念が挙げられる。

親会社概念とは，親会社の株主の立場にのみ立脚して，その親会社の指揮下にある企業集団の財務諸表として，連結財務諸表を作成する考え方である。よって，連結決算の目的は，親会社の株主に対して連結子会社を含めた親会社の経営成績，財政状態及びキャッシュ・フローの状況を報告することである。この概念にたてば，連結財務諸表の実質は子会社に対する親会社の投資をすべて子会社の資産，負債に置き換え，また子会社に対する投資から得られる利益を子会社の収益，費用に置き換えた親会社の修正財務諸表であり，子会社は親会社の1部門として認識され，そのため少数株主持分は資本勘定には含まれないということになる。

一方，経済的単一体概念とは，その企業集団を構成する親会社の株主と子会社の株主の立場に立って，親会社とは区別される企業集団そのものの財務諸表として，連結財務諸表を作成する考え方である。よって，連結の目的は，企業

集団全体を単一の経済活動単位とみなしたうえで，少数株主も含めた企業集団自体についての経営成績，財政状態及びキャッシュ・フローの状況を報告することである。この概念にたてば，連結財務諸表は企業集団全体の財務諸表であると認識され，少数株主持分は企業集団全体の観点からは親会社持分と同列に扱われ，資本勘定に含めて表示されることになる[1]。

わが国の場合はいずれの立場にたつのであろうか。連結原則第一では，「連結財務諸表は，支配従属関係にある2以上の会社（会社に準ずる被支配事業体を含む。以下同じ。）からなる企業集団を単一の組織体とみなして，親会社が当該企業集団の財政状態及び経営成績を総合的に報告するために作成するものである」とあるように，基本的には親会社概念に立脚しているものと考えられる。

上記の親会社概念，経済的単一体概念以外に，連結基礎概念として，親会社拡張概念，比例連結概念と呼ばれるものがある。両者を簡単に説明する。

親会社拡張概念とは，連結財務諸表を親会社の連結財務諸表とみる点では親会社概念と同様であり，本質的には親会社概念とみることができる。しかし，この概念では，子会社の資産・負債に対し，親会社が比例的持分を有する部分及び有しない部分について取得時点における公正価値で評価され，全面時価評価法が採用されているのに対し，親会社概念では，親会社が比例的持分を有する部分については取得時点の公正価値で評価するが，比例的持分を有しない部分については簿価で計上する部分時価評価法が採用されている。この概念にたてば，親会社概念と同様に少数株主持分は資本勘定から除外され，負債と持分の中間項目として扱われることが多い。

比例連結概念は，子会社の識別可能な資産・負債のうち親会社の比例部分のみが連結され，所有概念（連結の範囲についていえば持株基準）を徹底させることにより導き出される概念であるといえる。この概念にたてば，少数株主持分は存在しないことになる。ちなみに，支配概念（連結の範囲についていえば支配力基準）を徹底させると経済的単一体概念が導き出される。

少数株主持分の表示について説明しておく。わが国の場合，少数株主持分は，

負債の部の次に区分して記載し，少数株主損益は，純損益計算の区分に表示することになっている。IASB基準では，少数株主持分は，資本のなかで親会社持分とは区別して表示し，少数株主損益は，損益計算書において当期純利益の配分として，親会社帰属利益と区分して表示することになっている。なお，FASB基準では規定がなく，実務に委ねられている。

(3) 一 般 基 準

① 連結の範囲

　連結の範囲の決定方法の変更は，平成9年連結原則改正の大きな目玉であった。連結の範囲とは，連結の対象となる会社の範囲をいい，連結の範囲に含められた会社を連結会社という。改正前までは持株基準を採用しており，これは，一定の会社が他方の会社の議決権の過半数を実質的に所有した場合における子会社の判断基準をいう。この方法から支配力基準に変更されたわけであるが，これは，議決権の過半数を実質的に所有した場合はもとより，過半数を所有しない場合であっても，人事，資金，技術，取引または契約等の関係を通じて，その会社の意思決定機関を支配している場合における子会社の判断基準をいう[2]。

　では，連結原則に沿って具体的にみていく。

　連結原則第三.一.1で「親会社は，原則としてすべての子会社を連結の範囲に含めなければならない」と規定され，連結の範囲は，原則，一企業集団のなかに含まれる親会社とすべての子会社であるとされる。さらに同第三.一.2で「親会社とは，他の会社を支配している会社をいい，子会社とは，当該他の会社をいう」，同第三.一.3で「親会社及び子会社又は子会社が，他の会社を支配している場合における当該他の会社も，また，子会社とみなすものとする」と定義している。このように，親会社または子会社の判定基準には，持株基準ではなく支配力基準が採用されている。

　同第三.一.2では続いて「他の会社を支配しているとは，他の会社の意思決定機関を支配していることをいい，次の場合には，当該意思決定機関を支配し

ていないことが明らかに示されない限り，当該他の会社は子会社に該当するものとする」とある。ここで次の場合とは，
　「a．他の会社の議決権の過半数を実質的に所有している場合
　　b．他の会社に対する議決権の所有割合が100分の50以下であっても，高い比率の議決権を有しており，かつ，当該会社の意思決定機関を支配している一定の事実が認められる場合」
である。

　aの「議決権の過半数を実質的に所有している」とは，議決権のある株式または出資の所有名義が役員等以外の者となっていても，会社が自己の計算で所有している場合には，当該会社が実質的に所有しているとみなすという意味である（【注解4】）。

　bの場合には，さらに「当該会社の意思決定機関を支配している一定の事実」があるかどうかを判定しなければならないが，それは次のような場合があれば，そのような事実があると判定される（【注解5】）。財務諸表等規則8条4項によれば，他の会社に対する議決権の所有割合が100分の50以下であっても，高い比率の議決権を有する会社とは，他の会社の議決権の100分の40以上，100分の50以下を自己の計算において所有している会社としている。

　(イ)　議決権不行使株主の存在により，株主総会において議決権の過半数を継続的に占めることができると認められる場合。
　(ロ)　役員や関連会社等の協力株主の存在により，株主総会において議決権の過半数を継続的に占めることができると認められる場合。
　(ハ)　取締役会の構成員の過半数を，出資会社の役員もしくは従業員である者またはこれらであった者が継続して占めている場合。
　(ニ)　重要な財務及び営業の方針決定を支配する契約等が存在する場合。

　ただし，子会社であっても，次のような場合には連結の範囲から除外され，これを非連結子会社という（連結原則第三.一.4）。
　ア．支配が一時的であると認められる会社。
　イ．ア以外の会社であって，連結することにより利害関係者の判断を著しく

誤らせるおそれのある会社。

アの場合とは，直前連結会計年度において支配に該当しておらず，かつ，翌連結会計年度以降相当の期間にわたって支配に該当しないことが確実に予定されているものを指す[3]。

イの場合とは，在外子会社でそこでのインフレーションが著しいとか，紛争・戦争状態にあったり，為替制限が厳しく送金がままならないといったケースにある会社を指す[4]。

また，連結除外を容認するケースを【注解6】で規定している。これは「子会社であって，その資産，売上高等を考慮して，連結の範囲から除いても企業集団の財政状態及び経営成績に関する合理的な判断を妨げない程度に重要性の乏しいものは，連結の範囲に含めないことができる」というものである。連結の範囲の決定に際し，重要性の原則が適用されている。

なお，更生会社，整理会社，破産会社等であって，かつ，有効な支配従属関係が存在せず組織の一体性を欠くと認められる会社は，子会社に該当しない（【注解3】）。

IASB基準では，原則として，国内及び国外のすべての子会社を連結するとしており，「支配」（ある企業の活動から便益が得られるように，当該企業の財務方針及び営業方針を左右する力）の存在により子会社を判定することになっている。つまり，わが国及びIASB基準では支配力基準が採用されている。一方，FASB基準では，原則として，議決権の過半数を所有するすべての子会社を連結するとしており，持株基準が採用されている。

ここで，商法会計における子法人等，連結子会社，商法が定める子会社（商法211条ノ2・1項）について説明する。

子法人等とは，商法施行規則2条18号に規定されているように，財務諸表等規則8条3項，4項，7項にある他の会社により，事実上，意思決定機関が支配されている会社である。子会社とは，他の会社により総株主の議決権の過半数が所有されている，または他の会社と当該子会社以外の子会社により合わせて総株主の議決権の過半数が所有されている会社をいう（商法211条ノ2・1項，

3項)。

　したがって，商法施行規則142条に規定する連結子会社とは，企業集団のなかにあって，そのなかの他の会社によって議決権の100分の40以上，100分の50以下が所有され，事実上意思決定機関の支配も受けている会社ということになる。

　連結子会社という概念をあえて同規則142条にて定義したのは，商法では独自に子会社に適用される規定が，商法274条ノ3等で既に存在しているので，商法上の子会社と子法人等との相違を明確にするためであるといえる。また，証取法会計上の連結の範囲と同様であるが，商法上の子会社を含む子法人等という定義により，商法会計上の連結の範囲を特定することになっている[5]。

　つまり，子法人等（財務諸表等規則が定める子会社）＝商法211条ノ2・1項が定める子会社＋連結子会社（商法施行規則142条）という関係になる。

　連結子法人等とは，連結の範囲に含められる子法人等をいう。

　連結の範囲については，商法施行規則144条に規定がある。つまり連結特例規定適用会社にあっては，そのすべての子法人等を連結の範囲に含めなければならないことを定め，連結の範囲から除外される子法人等についての定めもある。連結特例規定会社とは，同規則2条16号において規定されている「大会社連結特例規定」または「委員会等設置会社連結特例規定」の適用がある株式会社をいう。「大会社連結特例規定」とは，商法特例法4条2項2号（会計監査人の資格），7条3項及び5項(会計監査人の権限等のうち連結子会社に関する部分)，18条4項（連結親会社における監査役の員数等），19条の2（連結計算書類）並びに19条の3（監査役による連結子会社の調査等）の規定を指す。「委員会等設置会社連結特例規定」とは，同法21条の8・7項（委員会の権限等のうち連結子会社に関する部分），21条の10・2項（監査委員会による監査の方法等のうち連結子会社に関する部分）及び21条の32（連結計算書類）の規定を指す。

② 連結決算日

連結会計期間は1年であり，親会社の決算日が連結決算日である（連結原則第三.二.1）。また，子会社の決算日が親会社の決算日と異なる場合には，原則として，連結決算日に，子会社は，正規の決算に準ずる合理的な手続で決算を行い，連結のための個別財務諸表を作成する必要がある（同第三.二.2）。

なお，子会社の決算日と連結決算日の差異が3か月を超えない場合には，子会社の正規の決算を基礎として連結決算を行うことができる。ただし，決算日が異なることから生ずる連結会社間の取引に係る会計記録の重要な不一致について，必要な整理を行うものとするとの規定がある（【注解7】）。

この不一致についての必要な整理とは，このまま連結を行えば，連結会社間取引を相殺する場合，債権債務並びに損益項目について金額的な不一致が生ずるが，そのまま連結することとし，相殺差額については，債権額は「その他の資産」，債務額は「その他の負債」，損益項目は「その他の収益」または「その他の費用」に移記されることをいう[6]。

③ 親会社及び子会社の会計処理の原則及び手続

同一環境下で行われた同一の性質の取引等について，親会社及び子会社が採用する会計処理の原則及び手続は，原則として統一しなければならない（連結原則第三.三）。

改正前は，連結会社の会計処理の統一については，連結子会社の採用する会計処理基準は，できるだけ親会社に統一しなければならないが，連結子会社の財務諸表が，わが国において一般に公正妥当と認められる企業会計の基準に準拠して作成されたものである限りは会計処理基準の差異を連結上修正することはしないで，その概要を注記することになっていた。

会計処理の原則及び手続の統一を原則とする理由は，親会社と子会社との会計処理が統一されないと，異なる会計処理により計算された異質の会計数値が連結されることになり，連結財務諸表の有用性が失われるおそれがあるからといえる[7]。

IASB基準では，同様の状況における類似取引及びその他の事象には，統一的な会計方針を用いなければならないことになっている。FASB基準では，会計方針の統一についての規定はないが，統一することは自明とされている。

2 連結貸借対照表

(1) 連結貸借対照表作成の基本原則

　連結貸借対照表は，個別財務諸表基準性の原則に従い，親会社及び子会社の個別貸借対照表上の資産，負債，資本の金額を基礎として，概ね次のような手順で作成される（連結原則第四．一）。
　① 子会社の資産及び負債の時価評価
　② 連結会社相互間の投資勘定と資本勘定の相殺消去
　③ 少数株主持分の振替
　④ 連結会社相互間の債権と債務の相殺消去
　商法会計においても連結貸借対照表の作成義務が規定されている（商法施行規則147条）。
　ここで，連結財務諸表規則（様式第4号）による連結貸借対照表のひな型を〔資料6-1〕に示す。

第6章 連結会計

〔資料6-1〕 連結財務諸表規則による連結貸借対照表

様式第4号
【連結貸借対照表】

区　　　　分	注記番号	前連結会計年度 (平成　年　月　日)		当連結会計年度 (平成　年　月　日)	
		金　額（円）	構成比(％)	金　額（円）	構成比(％)
(資本の部)					
Ⅰ　流動資産					
現金及び預金			×××		×××
受取手形及び売掛金		×××		×××	
貸倒引当金		×××	×××	×××	×××
有価証券			×××		×××
たな卸資産			×××		×××
繰延税金資産			×××		×××
そ　の　他			×××		×××
流動資産合計			×××		×××
Ⅱ　固定資産					
1　有形固定資産					
建物及び構築物		×××		×××	
減価償却累計額		×××	×××	×××	×××
機械装置及び運搬具		×××		×××	
減価償却累計額		×××	×××	×××	×××
土　　　地			×××		×××
建設仮勘定			×××		×××
そ　の　他		×××		×××	
減価償却累計額		×××	×××	×××	×××
有形固定資産合計			×××		×××
2　無形固定資産					
営　業　権			×××		×××
連結調整勘定			×××		×××
そ　の　他			×××		×××
無形固定資産合計			×××		×××
3　投資その他の資産					
投資有価証券			×××		×××
長期貸付金		×××		×××	
貸倒引当金		×××	×××	×××	×××
繰延税金資産			×××		×××
そ　の　他			×××		×××
投資その他の資産合計			×××		×××
固定資産合計			×××		×××
Ⅲ　繰延資産					
創　立　費			×××		×××
開　業　費			×××		×××
新株発行費			×××		×××
社債発行費			×××		×××

社債発行差金			×××		×××	
開 発 費			×××		×××	
建 設 利 息			×××		×××	
繰延資産合計			×××		×××	
資 産 合 計			×××		×××	
(負債の部)						
Ⅰ　流 動 負 債						
支払手形及び買掛金			×××		×××	
短 期 借 入 金			×××		×××	
未 払 法 人 税 等			×××		×××	
繰 延 税 金 負 債			×××		×××	
引　当　金						
製品保証引当金	×××			×××		
賞 与 引 当 金	×××			×××		
………………	×××	×××		×××	×××	
そ　の　他			×××		×××	
流動負債合計			×××		×××	
Ⅱ　固 定 負 債						
社　　　債			×××		×××	
長 期 借 入 金			×××		×××	
繰 延 税 金 負 債			×××		×××	
引　当　金						
退職給付引当金	×××			×××		
………………	×××	×××		×××	×××	
連 結 調 整 勘 定			×××		×××	
そ　の　他			×××		×××	
固定負債合計			×××		×××	
負 債 合 計			×××		×××	
(少数株主持分)						
少 数 株 主 持 分			×××		×××	
(資本の部)						
Ⅰ　資　本　金			×××		×××	
Ⅱ　資 本 剰 余 金			×××		×××	
Ⅲ　利 益 剰 余 金			×××		×××	
資 本 合 計			×××		×××	
負債,少数株主持分及び資本合計			×××		×××	

(記載上の注意)

1　連結会社が営む事業のうちに別記事業がある場合その他上記の様式によりがたい場合には,当該様式に準じて記載すること。

2　繰延税金資産及び繰延税金負債については,第45条の規定により表示すること。

(2) 子会社の資産及び負債の評価

　連結の手続は，親会社が子会社の支配を獲得した日（支配獲得日）を起点にして，毎決算期に行われる。その際，子会社の資産及び負債を，公正な評価額（時価）で評価することになっている。これは，連結貸借対照表作成のためには，連結会社相互間の投資勘定と資本勘定を相殺消去しなければならないが，親会社の貸借対照表上の投資額は，子会社株式等の取得日における子会社の資産及び負債の公正な評価額を基礎にして決定された取引価額であり，一方，子会社の貸借対照表上の資産及び負債の額は取得原価基準で評価されているため，双方の投資勘定と資本勘定（子会社の資本勘定の親会社持分相当額）の金額が一致しないことがあるからである。

　また，子会社の資産及び負債を，公正な評価額で評価することにより生じる評価差額は資本項目とされ，投資勘定との相殺消去の対象となる。評価差額に重要性が乏しい場合には，時価評価を行わず，個別貸借対照表上の金額により連結することが容認されている（連結原則第四.二.2, 3）。

　さて，子会社の資産及び負債の評価方法として，部分時価評価法と全面時価評価法の2つの方法が連結原則に規定されている（同第四.二.1）。

① 部分時価評価法

　これは，少数株主持分に対応する部分を，子会社の個別貸借対照表上の帳簿価額で評価する方法である。部分時価評価法の特徴は，資産及び負債の親会社持分割合だけが時価評価され，また，支配獲得に要する株式等の取得が2回以上にわたる場合には，その株式等の取得日ごとに段階的に時価評価が行われることである。

　ただし，支配獲得に要する株式等の取得が2回以上にわたる場合，連結計算の結果が著しく相違しない場合には，支配獲得日における時価を基準として，子会社の資産及び負債のうち親会社の持分に相当する部分を一括して評価することができる（【注解8】）。

② 全面時価評価法

　これは，少数株主持分に対応する部分を含めて，子会社の資産及び負債のすべてを，支配獲得日の時価で評価する方法である。全面時価評価法の特徴は，段階的に株式等を取得して支配を獲得した場合であっても，支配獲得日に一括して時価評価が行われ，また，少数株主の持分に相当する資産及び負債をも含めて，すべての資産及び負債の評価替えが行われることである。なお，この方法で生じる評価差額のうち少数株主持分に対応する金額は少数株主持分勘定に振り替える。

　ここで，両者の方法の相違点をみてみる。部分時価評価法の場合は，親会社持分に相当する部分のみ評価差額を認識するが，全面時価評価法の場合は，親会社及び少数株主の持分を区別することなく，子会社資本のすべての部分について評価差額を認識することになる。よって，このような両者の方法の相違により，結果として，少数株主持分の金額に差異が生じることになる。

(3) 連結会社相互間の投資勘定と資本勘定の相殺消去

　次に，子会社の資産及び負債の時価評価を受けて，親会社の子会社に対する投資と，これに対応する子会社の資本とを相殺消去しなければならない。この場合，前項で説明した子会社の資産及び負債の評価の2つの方法により，それぞれ次のような会計処理を行う（連結原則第四.三.1,【注解10】）。

　なお，相殺消去すべき資本勘定の金額の計算には，段階法と一括法があるが，これは，子会社の資産及び負債の評価の際に，部分時価評価法と全面時価評価法のいずれの方法を採用したのかということと密接な関係を持っている。

① 部分時価評価法によっている場合

　株式の取得日ごとに算定した子会社の資本のうち，取得した株式に対応する部分を，その取得日ごとに段階的に相殺消去する。この方法を段階法という。また，株式の取得後に生じた子会社の剰余金のうち取得した株式に対応する部分は，連結剰余金として処理する。なお，前述した部分的時価評価法の簡便法

第6章 連結会計

を採用している場合には，一括法が用いられる。

② 全面時価評価法によっている場合

支配獲得日において算定した子会社の資本のうち，親会社に帰属する部分を，その支配獲得日に一括して投資と相殺消去する。この方法を一括法という。また，支配獲得日後に生じた子会社の剰余金のうち，親会社に帰属する部分は，連結剰余金として処理する。

③ 連結調整勘定

親会社の子会社に対する投資とこれに対応する子会社の資本との相殺消去にあたり，親会社の投資額と，時価評価後の子会社の資本に占める親会社の持分額との間に差額が生じる場合に，その差額を連結調整勘定として処理する。この連結調整勘定は，原則としてその計上後20年以内に，定額法その他合理的な方法により償却しなければならない。ただし，連結調整勘定の金額に重要性が乏しい場合には，当該勘定が生じた期の損益として処理することができる（同第四.三. 2)。

(4) 少数株主持分の振替え

子会社の資本のうち親会社に帰属しない部分は，少数株主持分に振り替える必要がある（連結原則第四.四. 1)。子会社の資本勘定から少数株主持分勘定への振替えは，連結原則注解【注解11】において，次のように規定されている。

「1 株式の取得日又は支配獲得日の当該子会社の資本は，当該取得日又は支配獲得日において，親会社に帰属する部分と少数株主に帰属する部分とに分け，前者は親会社の投資と相殺消去し，後者は少数株主持分として処理するものとする。

2 株式の取得日後又は支配獲得日後に生じた子会社の剰余金のうち少数株主に帰属する部分は，少数株主持分として処理するものとする。」

また，支配獲得日の子会社の資産及び負債の評価の際に，部分時価評価法を

採用している場合には，評価差額に少数株主持分に振り替えるべき金額は含まれておらず，評価差額は全額親会社の投資勘定と相殺することになる。

全面時価評価法を採用している場合には，評価差額のうち少数株主に帰属する部分は少数株主持分勘定に振り替えなければならない。

なお，子会社が欠損を生じているケースでは，子会社の欠損のうち，当該子会社に係る少数株主持分に割り当てられる額が当該少数株主の負担すべき額を超える場合には，当該超過額は，親会社の持分に負担させなければならない。この場合において，その後当該会社に利益が計上されたときは，親会社が負担した欠損が回収されるまで，その利益の金額を親会社の持分に加算されることとなっている（同第四.四.2）。

(5) 連結会社相互間の債権と債務の相殺消去

同一の企業集団に帰属する親会社と子会社（連結会社）の相互間の債権と債務は，相殺消去しなければならない（連結原則第四.六）。具体的には，次のように，【注解14】に規定がある。

① 相殺消去となる債権・債務の範囲

連結会社相互間の取引により発生した前払費用，未収収益，未払費用及び前受収益の経過勘定項目は，相殺消去となる債権・債務の範囲に含まれる。

② 割引手形の取扱い

連結会社が振り出した手形を他の連結会社が銀行割引した場合には，連結貸借対照表上これを借入金に振り替える。

③ 引当金の調整

引当金のうち，連結会社を対象として引き当てられたことが明らかなものは，一定の調整を行う必要がある。

④ 一時所有の社債

連結会社が発行した社債を他の連結会社が所有している場合には，その社債は発行会社にとっては債務であり，所有会社にとっては債権であるから，連結会計上は，当然，相殺消去の対象となる。しかし，連結会社における当該社債の保有が一時所有のものについては，相殺消去の対象にしないことが認められている。

IASB基準及びFASB基準においても，連結会社間債権・債務残高，取引高について消去することになっている。

3 連結損益計算書

(1) 連結損益計算書作成の基本原則

連結損益計算書は，個別財務諸表基準性の原則に従い，親会社及び子会社の個別損益計算書上の収益，費用等の金額を基礎として，概ね次のような手順で作成される（連結原則第五.一）。

① 少数株主損益の振替え
② 連結会社相互間の取引高の相殺消去
③ 未実現損益の消去
④ 連結調整勘定の償却

商法会計においても連結損益計算書の作成義務が規定されている（商法施行規則148条）。

ここで，連結財務諸表規則（様式第5号）による連結損益計算書のひな型を〔資料6-2〕に示す。

〔資料6−2〕 連結財務諸表規則による連結損益計算書

様式第5号
【連結損益計算書】

区分	注記番号	前連結会計年度 (自 平成 年 月 日 至 平成 年 月 日)		当連結会計年度 (自 平成 年 月 日 至 平成 年 月 日)	
		金額(円)	百分比(%)	金額(円)	百分比(%)
Ⅰ 売上高		×××		×××	
Ⅱ 売上原価		×××		×××	
売上総利益(又は売上総損失)		×××		×××	
Ⅲ 販売費及び一般管理費					
…………		×××		×××	
…………		×××		×××	
…………		×××	×××	×××	×××
営業利益(又は営業損失)			×××		×××
Ⅳ 営業外収益					
受取利息		×××		×××	
受取配当金		×××		×××	
有価証券売却益		×××		×××	
連結調整勘定償却額		×××		×××	
持分法による投資利益		×××		×××	
…………		×××		×××	
…………		×××	×××	×××	×××
Ⅴ 営業外費用					
支払利息		×××		×××	
有価証券売却損		×××		×××	
持分法による投資損失		×××		×××	
…………		×××		×××	
…………		×××	×××	×××	×××
経常利益(又は経常損失)			×××		×××
Ⅵ 特別利益					
前期損益修正益		×××		×××	
固定資産売却益		×××		×××	
…………		×××		×××	
…………		×××	×××	×××	×××
Ⅶ 特別損失					
前期損益修正損		×××		×××	
固定資産売却損		×××		×××	
減損損失		×××		×××	
災害による損失		×××		×××	
…………		×××	×××	×××	×××
税金等調整前当期純利益 　　(又は税金等調整前当期純損失)			×××		×××
法人税,住民税及び事業税		×××		×××	
法人税等調整額		×××	×××	×××	×××
少数株主利益(又は少数株主損失)			×××		×××
当期純利益(又は当期純損失)			×××		×××

第 6 章　連　結　会　計

（記載上の注意）
　連結会社が営む事業のうちに別記事業がある場合その他上記の様式によりがたい場合には，当該様式に準じて記載すること。

(2) 少数株主損益の振替え

　子会社の個別損益計算書で表示されている当期純損益のうち，少数株主に帰属する金額を少数株主損益勘定に振り替える。

(3) 連結会社相互間の取引高の相殺消去

　企業集団からみると，連結会社相互間の取引は内部取引である。連結損益計算書に計上される取引高は，企業集団外部の取引高のみでなければならない。よって，連結会社相互間における商品の売買その他の取引に係る項目は，消去しなければならない（連結原則第五.二）。なお，会社相互間取引が連結会社以外の会社を通じて行われている場合であっても，その取引が実質的に連結会社間の取引であることが明確であるときは，この取引を連結会社間の取引とみなして処理するものとする（【注解22】）。
　相殺消去しなければならない主な取引には，売上高と仕入高，支払家賃と受取家賃，支払利息と受取利息等がある。

(4) 未実現損益の消去

　連結会社相互間の取引によって取得した棚卸資産，固定資産その他の資産に含まれる未実現損益は，その全額を消去しなければならない。ただし，未実現損失については，売手側の帳簿価額のうち回収不能と認められる部分は，消去しないものとする（連結原則第五.三.1）。
　連結会社間の取引には，ａ．親会社から子会社へ資産を売却する場合（ダウン・ストリーム取引），ｂ．子会社から親会社へ資産を売却する場合（アップ・ストリーム取引），ｃ．子会社から他の子会社へ資産を売却する場合が考えられる。

そして，資産に含まれる未実現損益を消去する方法には，全額消去方式と部分消去方式がある。全額消去方式は，未実現損益を全額消去する方式で，部分消去方式は，未実現損益のうち，親会社の持分割合に対応する金額だけを消去する方式であるが，連結原則では，全額消去方式のみが採用されている。

　消去される未実現損益の負担方法には，親会社負担方式と持分按分負担方式がある。親会社負担方式は，消去する未実現損益の全額を親会社持分の減少とする方法である。持分按分負担方式は，消去する未実現損益を親会社と少数株主の持分割合に応じて負担させる方法である。

　このような資産に含まれる未実現損益の消去方法及び負担方法のいずれの方法を用いるかは，連結会社間の取引による。

　前述したaのケースでは，全額消去・親会社負担方式が用いられる。bのケース及びcのケースでは，全額消去・持分按分負担方式が用いられる（同第五.三.3）。

　未実現損益については，IASB基準では全額消去方式が採られ，FASB基準では全額消去方式及び部分消去方式のいずれも認められている。

(5) 連結調整勘定の償却

　第2節で述べたように，連結調整勘定は，計上後20年以内に，定額法その他の合理的方法で償却を行わなければならない。資本連結が一括法で行われている場合は，支配獲得日後に償却を開始することになる。資本連結が段階法で行われている場合は，連結調整勘定も段階的に計上され，その償却も計上日に応じて段階的に開始される。

　なお，資産の部に計上された連結調整勘定の当期償却額は，販売費及び一般管理費の区分に表示し，負債の部に計上された連結調整勘定の当期償却額は，営業外収益の区分に表示するものとする（【注解23.3】）。

(6) 受取配当金の処理

　連結会社相互間の配当金の授受も，当然連結会社間の取引であるから，連結

損益計算書の作成にあたり，相殺消去する必要がある。連結精算表では，損益計算書上の受取配当金を減少させ，貸借対照表の剰余金を増加させることになる。

4 連結剰余金計算書

(1) 連結剰余金計算書作成の基本原則

　連結剰余金計算書は，連結貸借対照表上の資本剰余金及び利益剰余金について，その期首残高，期中増減の内容及び期末残高を示すものである（連結原則第六.一.1）。

　連結剰余金計算書は，連結財務諸表提出会社の連結会計年度に対応する期間に係る連結会社の損益計算書に記載された項目，当該連結会計年度に対応する期間において確定した連結会社の利益処分または損失処理の項目等で，連結貸借対照表に掲記される連結剰余金の増加または減少に係るものの金額を基礎として作成し，当該連結剰余金の当該連結会計年度における増加または減少の内容を示さなければならない。連結剰余金計算書の作成にあたっては，配当金，役員賞与等利益処分項目の調整を行うことが必要不可欠となる（同第六.一.2，連結財務諸表規則8条）。

　また，親会社及び子会社の利益処分については，連結会計期間において確定した利益処分を基礎として連結決算を行う方法による。ただし，この方法に代えて連結会計期間の利益に係る処分を基礎として連結決算を行う方法によることもできる。前者は「確定方式」といい，後者は「繰上方式」と呼ばれるが，連結原則では「確定方式」を原則とし，「繰上方式」によることも容認している（同第六.一.3）。

(2) 連結剰余金計算書の作成方法

　連結剰余金計算書において，資本剰余金の部及び利益剰余金の部は次のよう

になる。連結財務諸表規則（様式第6号）による連結剰余金計算書のひな形を〔資料6－3〕に示すので参照されたい。

〔資料6－3〕 **連結財務諸表規則による連結剰余金計算書**

様式第6号
【連結剰余金計算書】

区　分	注記番号	前連結会計年度 (自 平成 年 月 日 至 平成 年 月 日) 金　額（円）		当連結会計年度 (自 平成 年 月 日 至 平成 年 月 日) 金　額（円）	
資本剰余金の部					
Ⅰ　資本剰余金期首残高			×××		×××
Ⅱ　資本剰余金増加高					
増資による新株の発行		×××		×××	
自己株式処分差益		×××		×××	
………………		×××	×××	×××	×××
Ⅲ　資本剰余金減少高					
配　当　金		×××		×××	
自己株式消却額		×××		×××	
………………		×××	×××	×××	×××
Ⅳ　資本剰余金期末残高			×××		×××
利益剰余金の部					
Ⅰ　利益剰余金期首残高			×××		×××
Ⅱ　利益剰余金増加高					
当期純利益		×××		×××	
………………		×××	×××	×××	×××
Ⅲ　利益剰余金減少高					
配　当　金		×××		×××	
役　員　賞　与		×××		×××	
資　本　金		×××		×××	
自己株式消却額		×××		×××	
………………		×××	×××	×××	×××
Ⅳ　利益剰余金期末残高			×××		×××

① 　資本剰余金の部

　　a　資本剰余金期首残高

　　b　資本剰余金増加高

　　c　資本剰余金減少高

　　d　資本剰余金期末残高

　資本剰余金増加高は，増資による新株の発行，自己株式処分差益，その他に

分けて掲記される。資本剰余金減少高は，配当金，自己株式消却額，その他に分けて掲記される。

② **利益剰余金の部**
 a 利益剰余金期首残高
 b 利益剰余金増加高
 c 利益剰余金減少高
 d 利益剰余金期末残高

利益剰余金増加高は，当期純利益等その発生原因を示す名称を付した科目に細分して掲記される。利益剰余金減少高は，配当金，役員賞与，資本金，自己株式消却額，その他に分けて掲記される。

5 連結キャッシュ・フロー計算書

(1) 意義及び導入の経緯

 企業の財務情報としては，貸借対照表の財政状態に関する情報及び損益計算書の経営成績に関する情報があるが，この他重要で開示すべき情報として資金に関する情報がある。

 従来，証券取引法にもとづくディスクロージャー制度における資金情報としては，昭和61年に，企業会計審議会の「証券取引法に基づくディスクロージャー制度における財務情報の充実について（中間報告）」により，資金繰り情報の改善が提言され，これにもとづき，昭和62年4月以降，有価証券報告書及び有価証券届出書の「経理の状況」において財務諸表以外の情報として個別ベースの資金収支表が開示されてきた。

 しかし，このような親会社の単体にかかわる資金情報にとどまっている状況に対して，企業会計審議会は，平成9年の「連結財務諸表制度に関する意見書」において，連結ベースでのキャッシュ・フロー計算書の導入を提言し，平成10

年に,同審議会は,「連結キャッシュ・フロー計算書等の作成基準」(以下,「作成基準」と略す)及び「連結キャッシュ・フロー計算書等の作成基準注解」(以下,「作成基準注解」と略す)を作成し,平成11年4月1日以後開始する事業年度から,証券取引法に規定する会社に対して,その作成が義務づけられた。連結キャッシュ・フロー計算書は公認会計士または監査法人の監査対象となり,財務諸表の1つとして位置づけられた[8]。

連結財務諸表を作成しない会社については,従来の資金収支表に代えて,個別ベースのキャッシュ・フロー計算書が導入された。また,「連結キャッシュ・フロー計算書等の作成基準」と"計算書等"となっているのは,この他,個別キャッシュ・フロー計算書,中間連結キャッシュ・フロー計算書,個別ベースの中間キャッシュ・フロー計算書が含まれるためで,これらを総称して「キャッシュ・フロー計算書」と呼び,これらのキャッシュ・フロー計算書は,すべて財務諸表に格上げされ,公認会計士または監査法人の監査の対象となった。

(2) 連結キャッシュ・フロー計算書の作成・表示方法

① 資金の範囲

現金(手許現金と要求払預金)及び現金同等物であり,現金同等物とは,容易に換金可能であり,かつ,価値の変動について僅少なリスクしか負わない短期投資をいう(作成基準第二.一)。なお,要求払預金には,当座預金,普通預金,通知預金等が含まれる。現金同等物には,取得日から満期日または償還日までの期間が3か月以内の短期投資である定期預金,譲渡性預金,コマーシャル・ペーパー,売戻し条件付現先,公社債投資信託等が含まれる(作成基準注解【注1,2】)。

② 表示区分

連結キャッシュ・フロー計算書の表示は,a.「営業活動によるキャッシュ・フロー」,b.「投資活動によるキャッシュ・フロー」,及びc.「財務活動によ

るキャッシュ・フロー」の3つに区分される。IASB基準及びFASB基準においても，この三区分に分けて表示されることになっている。この3つの区分に記載すべき内容は次のようになる（同第二.一）。

【a】 営業活動によるキャッシュ・フロー

この区分には，営業損益計算の対象となった取引の他，投資活動及び財務活動以外の取引によるキャッシュ・フローを記載する。具体的には，商品及び役務の販売による収入，商品及び役務の購入による支出，従業員及び役員に対する報酬の支出，災害による保険金収入，損害賠償金の支払等である（同注解【注3】）。

【b】 投資活動によるキャッシュ・フロー

この区分には，固定資産の取得及び売却，現金同等物に含まれない短期投資の取得及び売却等によるキャッシュ・フローを記載する。具体的には，有形固定資産及び無形固定資産の取得による支出，有形固定資産及び無形固定資産の売却による収入，有価証券（現金同等物を除く）及び投資有価証券の取得による支出，有価証券（現金同等物を除く）及び投資有価証券の売却による収入，貸付けによる支出，貸付金の回収による収入等である（注解【注4】）。

【c】 財務活動によるキャッシュ・フロー

この区分には，資金の調達及び返済によるキャッシュ・フローを記載する。具体的には，株式の発行による収入，自己株式の取得による支出，配当金の支払，社債の発行及び借入金による収入，社債の償還及び借入金の返済による支出等である（注解【注5】）。

③ 表示方法

【a】 営業活動によるキャッシュ・フロー

この区分の表示方法には，「直接法」と「間接法」がある。「直接法」とは，主要な取引ごとにキャッシュ・フローを総額表示する方法である。「間接法」とは，税金等調整前当期純利益に非資金損益項目，営業活動に係る資産及び負債の増減，「投資活動によるキャッシュ・フロー」及び「財務活動による

キャッシュ・フロー」の区分に含まれる損益項目を加減して表示する方法である（同第三.一）。

IASB基準及びFASB基準では直接法が勧奨されているが，間接法も認められている。

【b】 投資活動によるキャッシュ・フロー及び財務活動によるキャッシュ・フロー

これらの区分の表示方法は，主要な取引ごとにキャッシュ・フローを総額表示するものである（同第三.二）。

【c】 現金及び現金同等物に係る換算差額

これは，他と区分して表示する（同第三.三）。

利息・配当金の表示方法についてみてみる。受取利息・配当金については営業活動または投資活動の区分に，支払利息については営業活動または財務活動の区分に，支払配当金については財務活動の区分に記載される。IASB基準では，受取利息・配当金，支払利息，支払配当金については，営業活動または財務活動の区分に記載されることになっている。FASB基準では，受取利息・配当金，支払利息については営業活動の区分に，支払配当金については財務活動の区分に記載されることになっている。

ここで，「営業活動によるキャッシュ・フロー」を，わが国で一般的に採用されている間接法による連結財務諸表規則（様式第8号）キャッシュ・フロー計算書のひな形を〔資料6－4〕に示す。なお，間接法の場合には，少数株主損益の再振替え，連結調整勘定償却額の戻入れ，繰延税金または見越税金の戻入れ，持分法による投資損益と受取配当金の戻入れといった，連結キャッシュ・フロー計算書固有の手続がある。

第6章　連結会計

〔資料6－4〕　連結財務諸表規則による連結キャッシュ・フロー計算書
(間接法)

様式第8号
【連結キャッシュ・フロー計算書】

区　　　分	注記番号	前連結会計年度 (自　平成　年　月　日) (至　平成　年　月　日) 金　額（円）	当連結会計年度 (自　平成　年　月　日) (至　平成　年　月　日) 金　額（円）
Ⅰ　営業活動によるキャッシュ・フロー			
税金等調整前当期純利益			
（又は税金等調整前当期純損失）		×××	×××
減価償却費		×××	×××
減損損失		×××	×××
連結調整勘定償却額		×××	×××
貸倒引当金の増加額		×××	×××
受取利息及び受取配当金		－×××	－×××
支払利息		×××	×××
為替差損		×××	×××
持分法による投資利益		－×××	－×××
有形固定資産売却益		－×××	－×××
損害賠償損失		×××	×××
売上債権の増加額		－×××	－×××
たな卸資産の減少額		×××	×××
仕入債務の減少額		－×××	－×××
…………		×××	×××
小　　　計		×××	×××
利息及び配当金の受取額		×××	×××
利息の支払額		－×××	－×××
損害賠償金の支払額		－×××	－×××
…………		×××	×××
法人税等の支払額		－×××	－×××
営業活動によるキャッシュ・フロー		×××	×××
Ⅱ　投資活動によるキャッシュ・フロー			
有価証券の取得による支出		－×××	－×××
有価証券の売却による収入		×××	×××
有形固定資産の取得による支出		－×××	－×××
有形固定資産の売却による収入		×××	×××
投資有価証券の取得による支出		－×××	－×××
投資有価証券の売却による収入		×××	×××
連結の範囲の変更を伴う子会社株式 　　の取得による支出		－×××	－×××
連結の範囲の変更を伴う子会社株式 　　の売却による収入		×××	×××
貸付けによる支出		－×××	－×××
貸付金の回収による収入		×××	×××

………………		×××	×××
投資活動によるキャッシュ・フロー		×××	×××
Ⅲ 財務活動によるキャッシュ・フロー			
短期借入れによる収入		×××	×××
短期借入金の返済による支出		－×××	－×××
長期借入れによる収入		×××	×××
長期借入金の返済による支出		－×××	－×××
社債の発行による収入		×××	×××
社債の償還による支出		－×××	－×××
株式の発行による収入		×××	×××
自己株式の取得による支出		－×××	－×××
配当金の支払額		－×××	－×××
少数株主への配当金の支払額		－×××	－×××
………………		×××	×××
財務活動によるキャッシュ・フロー		×××	×××
Ⅳ 現金及び現金同等物に係る換算差額		×××	×××
Ⅴ 現金及び現金同等物の増加額 　（又は減少額）		×××	×××
Ⅵ 現金及び現金同等物の期首残高		×××	×××
Ⅶ 現金及び現金同等物の期末残高		×××	×××

(記載上の注意)
1 「配当金の支払額」には，連結財務諸表提出会社による配当金の支払額を記載し，「利息及び配当金の受取額」については，「投資活動によるキャッシュ・フロー」の区分に記載することができる。
2 「利息の支払額」については，「財務活動によるキャッシュ・フロー」の区分に記載することができる。
3 　金額の重要性が乏しい項目については，「その他」として一括して記載することができる。
4 　連結会社が営む事業のうちに別記事業がある場合その他上記の様式によりがたい場合には，当該様式に準じて記載すること。

第6章 連結会計

6 持分法

(1) 意義

　持分法とは、投資会社が被投資会社の純資産及び損益のうち投資会社に帰属する部分の変動に応じて、その投資の額を連結決算日ごとに修正する方法をいう。連結原則では、非連結子会社及び関連会社に対する投資については、原則として持分法を適用することになっている（連結原則第四.八.1）。

　なお、持分法の適用により、連結財務諸表に重要な影響を与えない場合には、持分法の適用会社としないことができる（【注解18】）。

(2) 関連会社の定義

　関連会社とは、親会社及び子会社が、出資、人事、資金、技術、取引等の関係を通じて、子会社以外の他の会社の財務及び営業の方針決定に対して重要な影響を与えることができる場合における当該他の会社をいう。ただし、次の場合に該当する会社は反証がない限り、関連会社と判定される（連結原則第四.八.2）。持分法適用会社の判定に際しては、影響力基準が採用されている。

① 子会社以外の他の会社の議決権の100分の20以上を実質的に所有している場合（当該議決権の100分の20以上の所有が一時的であると認められる場合を除く）。

② 他の会社に対する議決権の所有割合が100分の20未満であっても、一定の議決権を有しており、かつ、当該会社の財務及び営業の方針決定に対して重要な影響を与えることができる一定の事実が認められる場合。

　ここに、他の会社の財務及び営業の方針決定に対して重要な影響を与えることができる一定の事実が認められる場合とは、例えば、他の会社の財務及び営業の方針決定に重要な影響を与える契約が存在する場合等をいう（【注解20】）。なお、財務諸表等規則8条6項にあるように、他の会社に対する議決権の所有

割合が100分の20未満であっても，一定の議決権を有する会社とは，他の会社の議決権の100分の15以上，100分の20未満を自己の計算において所有している会社である。

　IASB基準では，関連会社への投資に持分法が適用されるが，関連会社とは，投資企業が重要な影響力を有し，かつ，投資企業の子会社でもジョイント・ベンチャーでもない企業をいう。重要な影響力とは，被投資会社の財務上及び営業上の方針を支配することはないが，それらの方針の決定に関与する力をいう。議決権の100分の20以上を有している場合，反証のない限り，重要な影響を有しているものと推定されることになっている。

　FASB基準では，合弁会社に対する普通株式への投資及び重要な影響を与えることのできる会社に対する普通株式への投資に持分法が適用される。IASB基準と同様，議決権の100分の20以上を有している場合，反証のない限り，重要な影響を有しているものと推定されることになっている。

(3) 適　　用

　持分法の適用に際しては，被投資会社の財務諸表について，資産及び負債の評価，税効果会計の適用等，原則として，連結子会社の場合と同様の処理を行うことになっている（【注解17の2】）。

　持分法の適用は，次のような手続となる（【注解17の3】）。

　まず，投資日に，被投資会社の資産・負債の時価評価を行い，被投資会社の資本勘定に評価差額を含めたうえで，投資に対応する被投資会社の資本の額を求める。この際，投資の額と投資に対応する被投資会社の資本の額との間に差額が生じる場合には，当該差額は投資に含め，連結調整勘定と同様に処理する。

　そして，投資会社は，投資の日以降における被投資会社の利益または損失のうち投資会社の持分または負担に見合う額を算定して，投資の額を増額または減額し，当該増減額を当期純利益の計算に含める。連結調整勘定に相当する部分の償却額は，当該増減額に含める。

　次に，投資の増減額の算定にあたっては，連結会社と持分法適用会社との間

第6章 連結会計

の取引に係る未実現損益を消去するための修正を行う。また，被投資会社から配当金を受け取った場合には，当該配当金に相当する額を投資の額から減額する。なお，持分法の適用にあたっては，投資会社は，被投資会社の直近の財務諸表を使用することになっている。投資会社と被投資会社の決算日に差異があり，その差異の期間内に重要な取引または事象が発生しているときには，必要な修正または注記が必要になる（【注解17の4】）。

注

1） 日本公認会計士協会東京会調査研究部編『公認会計士業務資料集（第37号）』日本公認会計士協会東京会，1997年，13頁。
2） 野村健太郎『連結財務諸表の知識（新版）』日本経済新聞社，1998年，30頁参照。
3） 日本公認会計士協会「連結財務諸表における子会社及び関連会社のの範囲の決定に関する監査上の取扱い」『監査委員会報告（第60号）』，2000年参照。
4） 杉山学編『連結会計の基礎知識』中央経済社，2002年，21頁。
5） 田中久夫編『逐条解説・改正商法施行規則』税務経理協会，2003年，266頁参照。
6） 杉山，前掲書，21－22頁。
7） 加古宜士『財務会計概論』中央経済社，1999年，193頁。
8） わが国のキャッシュ・フロー計算書は，欧米を中心とした国際的な動向に影響されたが，その導入はかなり遅れたものになった。アメリカでは，早くから資金情報の開示が行われ，資金概念の論争を経て1987年（昭和62年）11月には，それまでの「財政状態変動表」に代えて「キャッシュ・フロー計算書」が採用された。また，ＩＡＳＣ基準でも1992年（平成4年）10月，会計基準の国際的調和化という観点からキャッシュ・フロー計算書を基本財務諸表として作成・開示することを決めた（岩崎彰『キャッシュ・フロー計算書の見方・作り方』日本経済新聞社，1999年，12－13頁参照）。

第 7 章

税 効 果 会 計

1 意義及び導入の経緯

　法人税等の課税所得の計算にはあたっては，企業会計上の利益の額を基礎とするが，企業会計上の利益の額と税務会計上の所得の額には相違がみられるのが一般的である。よって，財務諸表の作成上，法人税等（法人税，住民税及び事業税）の計上額を，課税所得を基礎とした法人税等の額にした場合，これが税引前当期純利益と期間的に対応せず，また，将来の法人税額等の支払額に対する影響額が表示されないことになる。

　そこで，このような不都合を解決するために，税効果会計を財務諸表作成上適用しようという考え方がある。

　税効果会計とは，企業会計上の収益または費用と課税所得計算上の益金または損金の認識時点の相違等により，企業会計上の資産または負債の額と課税所得計算上の資産または負債の額に相違がある場合において，法人税その他利益に関連する金額を課税標準とする税金の額を適切に期間配分することにより，法人税等を控除する前の当期純利益と法人税等を合理的に対応させることを目的とする手続である。

　次に税効果会計導入の経緯の概要を述べる。

　まず，昭和50年に企業会計審議会が公表した「連結財務諸表の制度化に関す

る意見書」において、連結財務諸表の作成における税効果会計の有用性に触れられ、その適用は任意とされていた。

平成9年の企業会計審議会による「連結財務諸表制度の見直し」の公表及び「連結財務諸表原則」の改正により、連結会計中心の会計制度ができあがり、その際、平成11年4月1日以後開始する事業年度より、連結財務諸表の作成上、税効果会計の全面適用が義務づけられた。また、個別財務諸表においても、平成11年4月1日以後開始する事業年度より、税効果会計が導入された。さらに、平成12年4月1日以後開始する中間会計期間から、中間財務諸表及び中間連結財務諸表においても、税効果会計が適用されることになった。

さて、繰延税金資産は、将来の法人税等の支払額を減額する効果を有し、一般的には法人税等の前払額に相当するもので、資産としての性格を有するものと考えられる。一方、繰延税金負債は、将来の法人税等の支払額を増額する効果を有し、法人税等の未払額に相当するもので、負債としての性格を有するものと考えられる[1]。

税効果会計の方法には、収益費用アプローチにもとづいて、企業会計上の税引前当期純利益と税務上の課税所得との差異に着目する考え方である繰延法と、資産負債アプローチにもとづいて、企業会計と税務上の資産及び負債の差異に着目する考え方である資産負債法がある[2]。

2 仕組みの概要

(1) 法人税等調整額（損益計算書）

税効果会計においては、企業会計上の税金となるように調整を行うものであるが、当然これにより実際の税額が変わることはない。企業会計上の利益と税務会計上の課税所得との差異を算出し、原則的には、当該差異に法定実効税率を乗じた額を損益計算書の法人税等の下に法人税等調整額として記載し、法人税等に法人税等調整額を加算または減算した額が企業会計上の税金を示すよう

第7章　税効果会計

に調整される。

　法人税の確定申告書と関連させながら説明すると次のようになる。

　税効果会計を適用しない場合は、税引前当期純利益の下の法人税等には、確定申告書の別表四における所得金額に法定実効税率を乗じた額を計上し、これを控除して当期純利益が求められるが、これは企業会計と税法を混合した結果の利益であるといえる。

　税効果会計を適用した場合は、税引前当期純利益の下の法人税等には、税効果会計を適用しない場合と同様に、確定申告書の別表四における所得金額に法定実効税率を乗じた額を計上し、次に、原則的には、別表四において加算及び減算した額に法定実効税率を乗じた額を法人税等調整額として計上し、よって、税引前当期純利益から法人税等を控除し、法人税等調整額を加算または減算して当期純利益が求められるが、これは適正な企業会計上の利益といえる。

(2)　繰延税金資産・繰延税金負債（貸借対照表）

　企業会計上の利益よりも税務会計上の課税所得が多く算定された場合には、企業会計上の利益が負担すべき法人税等の額と比較して実際に支払うべき法人税等が多く計算されている。よって、この場合の差異相当額は企業会計の見地からは税金の前払いと考えられ、繰延税金資産として貸借対照表に記載される。

　この場合、損益計算書上では、法人税等調整額はマイナスとなり、税引前当期純利益に対してはプラスになる。仕訳は次のようになる。

> （借）繰延税金資産　×××　　　（貸）法人税等調整額　×××

　企業会計上の利益よりも税務会計上の課税所得が少なく算定された場合には、企業会計上の利益が負担すべき法人税等の額と比較して実際に支払うべき法人税等が少なく計算されている。よって、この場合の差異相当額は、税法における課税の繰延べの効果から生ずるものであり、税金の繰延べと考え、繰延税金負債として貸借対照表に記載される。この場合、損益計算書上では、法人税等調整額はプラスとなり、税引前当期純利益に対してはマイナスになる。仕訳は

次のようになる。

> (借) 法人税等調整額　×××　　(貸) 繰延税金負債　×××

次に繰延税金資産及び繰延税金負債の表示についてみてみる。

繰延税金資産及び繰延税金負債は，一時差異の原因となった資産・負債の表示区分にもとづいて，繰延税金資産については流動資産または投資その他の資産に表示され，繰延税金負債については流動負債または固定負債として表示される。

また，繰延税金資産または繰延税金負債の計算に用いられる税率は，当期の法人税等の計算に適用した税率ではなく，当期に負担した税金が将来負担の軽減等を通じて回収される，または繰り延べた税負担を支払うと予想される期の予想税率である。ただし，将来の税率を予想することは困難であるため，なるべく最新の法定実効税率を用いて計算し，税率が改正される都度，繰延税金資産あるいは繰延税金負債の再計算を行うことになる[3]。法定実効税率の計算式は次のようになる。

$$\frac{法人税率 \times (1+住民税率) + 事業税率}{1+事業税率}$$

ちなみに，繰延法においては，一時差異に係る税金を差異が解消する期まで繰り延べるという考え方にたち，一時差異が生じた時点に重点が置かれるために，一時差異の生じた年度の税率で計算される。資産負債法においては，繰延税金資産については，一時差異に係る税金を将来に回収される税金と捉え，繰延税金負債については，一時差異に係る税金を将来に支払わなければならない税金と捉え，将来の一時差異に係る税金が解消する時点に重点が置かれるために，一時差異が解消されると予測される年度の税率にもとづいて計算される[4]。よって，わが国の税効果会計では資産負債法を採用していると考えられ，ＦＡＳＢ基準及びＩＡＳＢ基準においても資産負債法が採用されている。

3 差異の種類

　企業会計は適正な期間損益計算を目的とし，税法は課税の公平性の確保を目的とすることから，収益と益金，費用と損金には相違が生ずる場合があるが，この差異には一時差異と永久差異の2つがある。
　一時差異とは，収益と益金及び費用と損金の認識するタイミングが異なることにより生ずる差異である。永久差異とは，収益と益金及び費用と損金の考え方が異なることから生ずる差異で，将来にわたっても永久に解消されないものである。
　税効果会計では，企業会計上の利益と税務会計上の課税所得の違いから生ずる「税金の前払い」と「税金の繰延べ」を適正に期間配分することを目的としていることから，この2つの差異のうち，一時差異のみが対象となる。
　この一時差異には，個別財務諸表上の一時差異と連結財務諸表固有の一時差異がある。個別財務諸表上の一時差異は収益または費用の帰属年度が相違する場合と，資産の評価替えにより生じた評価差額が資本注入（直接資本の部に計上）され，かつ，課税所得の計算に含まれていない場合がある。連結財務諸表固有の一時差異については第6節で述べる。
　また，一時差異には，将来減算一時差異と将来加算一時差異がある。前者には，減価償却費の償却限度超過額，棚卸資産の評価損否認，各種引当金の繰入限度超過額等が挙げられ，後者には，利益処分方式による圧縮記帳等が挙げられる。永久差異には，交際費，寄附金，受取配当金等が挙げられる。

4 将来減算一時差異

　企業会計上の利益が負担すべき法人税等と比較して，実際に支払うべき法人税等が多く計算されている場合には，当該差異は，差異発生年度において税金の前払いとして加算され，当該一時差異が解消された年度において減算処理が

行われることになる。このような差異を将来減算一時差異と呼ぶ。この場合の仕訳は次のようになる。

```
発生年度：
    （借）繰延税金資産    ×××    （貸）法人税等調整額    ×××
解消年度：
    （借）法人税等調整額    ×××    （貸）繰延税金資産    ×××
```

　繰延税金資産の回収可能性についてみてみる。将来減算一時差異に係る繰延税金資産の計上が認められるかどうかは，将来その将来減算一時差異の解消年度において，収益力にもとづく課税所得の十分性，タックス・プランニングの存在，将来加算一時差異の十分性のいずれかの要件を満たしているか否かにより判断される[5]。

　IASB基準では，繰延税金資産は，将来，減算一時差異を利用できる課税所得が生ずる可能性が高い範囲内で，原則として，すべての減算一時差異について認識され，税務上の繰越欠損金等についても対象とされる。

　FASB基準では，繰延税金資産の一部または全部が実現しない「可能性が高い」（50％を超える可能性）場合には，評価性引当金により繰延税金資産を減額することになっている。

5　将来加算一時差異

　企業会計上の利益が負担すべき法人税等と比較して，実際に支払うべき法人税等が少なく計算されている場合には，当該差異は，差異発生年度において税金の繰延べとして減算され，当該一時差異が解消された年度においては，加算処理が行われることになる。このような差異を将来加算一時差異と呼ぶ。この場合の仕訳は次のようになる。

第 7 章　税効果会計

```
発生年度：
　（借）法人税等調整額　×××　（貸）繰延税金負債　×××
解消年度：
　（借）繰延税金負債　×××　（貸）法人税等調整額　×××
```

6　連結会計固有の一時差異

　連結会計における税効果会計の適用については，連結原則第四の七に規定がある。連結会計固有の一時差異は，個別財務諸表を単純合算した後に，連結消去仕訳を行い連結財務諸表を作成することになるため，税金等調整前当期純利益と法人税等とが適切に対応しなくなることにより生ずる差異である。よって，連結会計固有の一時差異とは，連結消去仕訳に関係して発生するものであるといえる。

　具体的には，連結会社間取引によって取得された期末棚卸資産に含まれる未実現利益，連結会社間取引によって取得された固定資産に含まれる未実現利益，持分法による投資損益，連結会社を対象とした引当金繰入金額の修正額，子会社資産及び負債の時価評価により生じた評価差額等の場合に，連結会計固有の一時差異が生じる。

注

1）　企業会計審議会「税効果会計に係る会計基準の設定に関する意見書」，1998年。
2）　広瀬義州『財務会計（第4版）』中央経済社，2003年，712頁。
3）　日本公認会計士協会「個別財務諸表における税効果会計に関する実務指針」（会計制度委員会報告第10号），1998年。
4）　広瀬，前掲書，712頁。
5）　日本公認会計士協会，前掲，「実務指針」。

第8章 金融商品会計

1 導入の経緯

　企業会計審議会により，金融商品に係る会計基準に関して，平成2年5月に「先物・オプション取引に係る時価情報に関する意見書等」が公表され，先物取引，オプション取引及び市場性のある有価証券に係る時価情報の開示基準等が整備され，その後も先物為替予約取引及びデリバティブ取引全般について，注記による時価情報の開示の拡充が行われてきた。

　さらに，最近の証券・金融市場のグローバル化，国際的な動向等に対応して企業会計の透明性を一層高めていくために，金融商品そのものの時価評価に係る会計処理等の整備が必要とされる状況に至り，平成11年1月に企業会計審議会から，「金融商品に係る会計基準の設定に関する意見書」が公表された。

　この「金融商品に係る会計基準」（以下，「金融商品会計基準」と略す）にもとづき，日本公認会計士協会で検討されたきた「金融商品会計に関する実務指針」が，同年11月の公開草案を経て，平成12年1月に公表され，原則として，同年4月1日以後開始する事業年度から適用されることになった。

　本章では，金融商品会計基準にもとづき，先物取引，先渡取引，オプション取引，スワップ取引及びこれらに類似する取引を中心に，金融商品会計についてみていく。

2 金融資産及び金融負債の範囲

　金融商品とは，金融資産及び金融負債の総称をいう。

　金融商品会計基準，第一．一によれば，「金融資産とは，現金預金，受取手形，売掛金及び貸付金等の金銭債権，株式その他の出資証券及び公社債等の有価証券並びに先物取引，先渡取引，オプション取引，スワップ取引及びこれらに類似する取引（以下，「デリバティブ取引」という。）により生じる正味の債権等」をいう。また，「金融負債とは，支払手形，買掛金，借入金及び社債等の金銭債務並びにデリバティブ取引により生じる正味の債務等」をいう。

　金融商品とは，現金，持分証券，またはある種の契約上の権利・義務をもたらす契約をいい，具体的には，ある企業にとって金融資産が生じ，その相手企業にとって金融負債または持分商品が生じるような契約をいう。

　従来型の金融商品は，現金預金や資金調達の手段として用いられる株式・公社債等の有価証券，貸付金，借入金等の債権，債務に概ね範囲が限られていた。これに対して，近年，従来型の金融商品から派生した先物，オプション，スワップ等の新しい金融商品が開発され，市場を形成するようになった。これらの新しい金融商品は，その基礎をなす本体的商品に含まれる財務リスクの移転を図り，これらの商品の契約価額がその基礎をなす本体的商品の価値変動に連動している点にその特徴があり，従来型の金融商品に対し，「新金融商品」，「金融派生商品」ないし「デリバティブ」と総称されている。

　「デリバティブ」とは，①その価値が，特定の利率，担保価格，コモディティ価格，外国為替レート，それらの指数，信用格付け，信用指数，類似した変数（基礎指標）に反応して変動し，②ある市場環境の下で類似した反応を示す他の契約に比べ，当初の投資がほとんどいらず，③将来のある日に決済されるものをいう[1]。

　「デリバティブ」とは，金融資産としては，自企業にとって潜在的に有利な条件のもとで他企業と金融商品を交換できる契約上の権利をいい，具体的には，

先物，先渡，オプション，スワップ等の購入した権利行使権を指し，金融負債としては，自企業にとって潜在的に不利な条件のもとで他企業と金融商品を交換しなければならない契約上の義務をいい，具体的には，先物，先渡，オプション，スワップ等の売却した権利行使義務を指す。

ここで，先物，先渡，オプション，スワップの各取引について簡単に説明する。

＜先物取引＞

先物取引とは，対象商品を将来の一定時期に一定価格で取引することを予約する取引をいう。この先物取引は，商品先物取引と金融先物取引とに区分され，前者には，大豆等の農産物や金等の鉱業生産物を対象とした先物取引等があり，後者には，金利先物，通貨先物，債券先物，株価指数先物等がある。

＜先渡取引＞

先渡取引とは，将来の一定期日における価格を前もって約定しておく取引をいう。先渡は相対で受渡日，価格等条件を決める点で先物と異なる。先渡取引の多くは現物決済であるが，金利先渡取引（ＦＲＡ）や為替先渡取引（ＦＸＡ）等先物取引のように差金決済を行うものがある。

＜オプション取引＞

オプション取引とは，特定の金融商品を将来の一定期日または一定期間内に一定価格で購入または売却する権利（オプション）を売買する取引をいう。このオプション取引には，通貨オプション，債券オプション，株価指数オプション等がある。

＜スワップ取引＞

スワップ取引とは，資金の支払いや受取りを交換（スワップ）する取引をいう。このスワップ取引には大別して金利スワップと通貨スワップの２つがある。

なお，持分商品とは，企業の総資産から総負債を控除した残余財産の持分権を証明する契約をいい，具体的には，発行側における株式等を指す。

3　金融資産及び金融負債の発生及び消滅の認識

(1)　金融資産及び金融負債の発生の認識

　金融商品会計基準，第二．一によれば，「金融資産の契約上の権利又は金融負債の契約上の義務を生じさせる契約を締結したときは，原則として，当該金融資産又は金融負債の発生を認識しなければならない」となっている。
　つまり，金融資産または金融負債自体を対象とする取引については，当該取引の契約時から当該金融資産または金融負債の時価の変動リスクや契約の相手方の財政状態等にもとづく信用リスクが契約当事者に生じるため，契約締結時においてその発生を認識することになる。
　つまり，普通の商品は引き渡し時点で認識するが，金融商品は契約時（約定時）に資産・負債として認識される点に大きな特徴があるといえる[2]。

(2)　金融資産及び金融負債の消滅の認識

　金融商品会計基準，第二．二．1によれば，「金融資産の契約上の権利を行使したとき，権利を喪失したとき又は権利に対する支配が他に移転したときは，当該金融資産の消滅を認識しなければならない」とある[3]。
　金融資産の契約上の権利に対する支配が他に移転したときとは，一般的にいえば，金融資産を譲渡した場合である。支配の移転には倒産隔離が要求される。
　この金融資産の譲渡に係る支配の移転の考え方については，リスク・経済価値アプローチと財務構成要素アプローチがある。
　金融資産を譲渡する場合には，譲渡後において譲渡人が譲渡資産や譲受人と一定の関係を有する場合があり，このような条件付きの金融資産の譲渡について，上記の2つの方法が考えられる。
　リスク・経済価値アプローチとは，金融資産のリスクと経済価値のほとんどすべてが他に移転した場合に当該金融資産の消滅を認識する方法をいう。

財務構成要素アプローチとは，金融資産を構成する財務的要素に対する支配が他に移転した場合に，当該移転した財務構成要素の消滅を認識し，留保される財務構成要素の存在を認識する方法をいう。財務構成要素アプローチにおける財務構成要素としては，将来のキャッシュ・フローの流入または流出，回収または支払コスト，貸倒リスクまたは信用リスク及びその他の要素がある。将来のキャッシュ・フローの流入または流出はマーケット・リスクを内蔵し，回収または支払コストは当該金融商品の管理・回収業務サービスに係るものである。財務構成要素の考え方は，元利のある債券または債権について元本部分と金利部分を分離して流動化したり，債権または金利の一部を流動化する要請に適合している。

　よって，金融資産を財務構成要素に分解して支配の移転を認識することにより，取引の実質的な経済効果を財務諸表に反映することができるため，財務構成要素アプローチによることにしている[4]。

　貸付金を例にすると，貸付金は元本と利息の回収という経済価値と，貸付金を回収するためのコスト，貸倒リスクその他のリスクが一体となっている金融資産であるが，リスク・経済価値アプローチの場合，貸付金の経済価値とリスクが分離不能で，それらのほとんどすべてが他に移転した場合に当該貸付金はオフ・バランスとなる。財務構成アプローチの場合は，貸付金の経済価値とリスクが分離可能で，かかる構成要素に対する支配が他に移転した場合に，その移転した構成要素のみがオフ・バランスとなり，移転されず留保される構成要素はオン・バランスとなる[5]。

　また，金融商品会計基準，第二．二．2によれば，「金融負債の契約上の義務を履行したとき，義務が消滅したとき又は第一次債務者の地位から免責されたときは，当該金融負債の消滅を認識しなければならない」とされている。

4 金融資産及び金融負債の貸借対照表価額等

(1) 金銭債権及び有価証券

　金融資産の貸借対照表価額については，第5章第1節(3)④有価証券のところで既にみたので参照されたい。

(2) デリバティブ取引

　金融商品会計基準，第三．四によれば，「デリバティブ取引により生じる正味の債権及び債務は，時価をもって貸借対照表価額とし，評価差額は，原則として，当期の損益として処理する」とされている。

　デリバティブ取引は，取引により生じる正味の債権または債務の時価の変動により保有者が利益を得または損失を被るものであり，投資者及び企業双方によって意味のある価値は，時価ということになると考えられる。よって，時価をもって貸借対照表価額とすることになる。

　また，デリバティブ取引により生じる正味の債権及び債務の時価の変動は，企業にとって財務活動の成果であると考えられるので，その評価差額は，原則，当期の損益として処理することになる。つまり，デリバティブ取引により生じる正味の債権または債務は，契約の締結時にその発生を認識し，取引の意図にかかわらず，原則，時価評価を行い，ヘッジ目的のものを除いて，評価差額はすべて当期の損益に含めることになる。

　例えば，先物取引の契約額が25,000千円，期末の契約額の時価が23,500千円の場合，証拠金を無視し，ヘッジ会計の適用がないとすると，次のような仕訳を期末にする。

(単位：千円)

(借) 先 物 損 失	1,500	(貸) 先物取引差金	1,500

IASB基準及びFASB基準では，デリバティブ取引の評価について公正価値で測定し，その変動額は当期の損益で処理することになっている。

(3) 金銭債務

金融商品会計基準，第三．五によれば，「支払手形，買掛金，借入金その他の債務は，債務額をもって貸借対照表価額とする。

社債は，社債金額をもって貸借対照表価額とする。社債を社債金額よりも低い価額又は高い価額で発行した場合には，当該差額に相当する金額を資産又は負債として計上し，償還期に至るまで毎期一定の方法で償却しなければならない」とある。

(4) 設 例

ここで，簡単な設例を用いて，デリバティブ取引の処理をみていく。

＜設 例＞

当社は平成01年1月31日に外貨建短期借入金100,000千円（1,000千ドル）を調達した。決済日は，平成01年4月30日である。なお，1月31日において，当該資金借入取引に関して1ドル＝100円（行使価格）のコールオプション契約を買建て，オプション料2,000千円（1ドルにつき2円）を支払っている。なお，ヘッジ会計は考慮しない。

	直物レート	オプションの時価
取引日（平成01年1月31日）	100円	2円
決算日（平成01年3月31日）	97円	1.1円

＜取引日の仕訳＞

（単位：千円）

（借）現　預　金　100,000　（貸）短 期 借 入 金　100,000
（借）通貨オプション　2,000　（貸）現　預　金　2,000

＜決算日の仕訳＞

(単位：千円)

(借)	短 期 借 入 金	3,000	(貸)	為 替 差 益	3,000
(借)	為 替 差 損	900	(貸)	通貨オプション	900

為替差益の金額の計算：(100－97) 円×1,000千ドル＝3,000千円

為替差損の金額の計算：(2－1.1) 円×1,000千ドル＝900千円

(損益計算書)

　営業外収益　　為替差益　2,100千円

(貸借対照表)

　流動資産　通貨オプション　1,100千円

　流動負債　短期借入金　　　97,000千円

5　ヘッジ会計

(1) 意　義

　金融商品会計基準，第五．一によれば，「ヘッジ会計とは，ヘッジ取引のうち一定の要件を充たすものについて，ヘッジ対象に係る損益とヘッジ手段に係る損益を同一の会計期間に認識し，ヘッジの効果を会計に反映させるための特殊な会計処理をいう」とされている。

　最近，企業は，経済活動の一環として，企業の有する資産・負債，とりわけ現金・債権債務・有価証券等について生ずる各種のリスクを，移転または回避（ヘッジ）するために，オプション，先物取引等の取引を積極的に行っている。具体的にみれば，保有する外貨建金銭債権債務について為替相場の変動から生ずる「為替リスク」，市場金利の変動に伴い借入金等について生じる「金利リスク」，あるいは，保有有価証券等の市場価値の下落によって生じる「価格リスク」等の財務上のリスクは，企業の財務内容に少なからず影響を与えるために，これらのリスクをオプション，先物取引等により，移転または回避する取

引が多く利用されているのが企業の現状である。

　このような企業が行う財務リスクの移転または回避行為を,「ヘッジ活動」あるいは「ヘッジ取引」という。ヘッジ会計とは,このような企業のヘッジ活動という経済的な実態を財務諸表上において適切に反映するための会計上の取扱いを指す。

　ここで,ヘッジ対象とヘッジ手段の用語について,説明しておく。

　ヘッジ会計が適用されるヘッジ対象とは,公正価値の変動または将来キャッシュ・フローの変動リスクにさらされている資産,負債のほか,資産または負債としてまだ認識されていない確定約定や将来の予定取引をいう。

　ヘッジ手段とは,指定されたデリバティブ等で,その公正価値がヘッジ対象の公正価値の変動またはキャッシュ・フローの変動と反対方向に動くと予想されるものをいう[6]。

　ヘッジ取引には,ヘッジ対象の資産または負債の相場変動を相殺するもの(公正価値ヘッジに相当)とキャッシュ・フローの変動を回避するもの(キャッシュ・フロー・ヘッジに相当)の2つがある。

　また,ヘッジ対象に生じた損失とそれをヘッジするために用いられた手段(ヘッジ手段)に生じた利益とは,本来同一期間に認識され,相殺されるべきものであるが,両者の認識時点にずれが生ずる場合には,同一期間での認識が妨げられ,ヘッジ活動に関する経済的実態が適切に反映されないことになる。そのため,ヘッジ対象及びヘッジ手段に係る損益を同一の会計期間に認識し,ヘッジ取引の効果を財務諸表に反映させるヘッジ会計が必要になる。

(2) 損益認識の時点

　金融商品会計基準,第五.四.1によれば,「ヘッジ会計は,原則として,時価評価されているヘッジ手段に係る損益又は評価差額を,ヘッジ対象に係る損益が認識されるまで資産又は負債として繰り延べる方法による。

　ただし,ヘッジ対象である資産又は負債に係る相場変動等を損益に反映させることにより,その損益とヘッジ手段に係る損益とを同一の会計期間に認識す

ることもできる」とされている。

　ヘッジ会計の処理方法には，繰延ヘッジと時価ヘッジとが考えられる。

　繰延ヘッジとは，時価評価されているヘッジ手段に係る損益を，ヘッジ対象に係る損益が認識されるまで資産または負債として繰り延べる方法である。

　一方，時価ヘッジとは，ヘッジ対象である資産または負債を時価評価できる場合には，ヘッジ対象を時価評価してヘッジ手段に係る損益と同一の会計期間にヘッジ対象に係る損益を認識する方法である。

　金融商品会計基準によると，原則の処理方法は繰延ヘッジであるが，諸外国で時価ヘッジが採用されいることを考慮して，時価ヘッジも認められている。

　IASB基準では，ヘッジ取引は公正価値ヘッジとキャッシュ・フロー・ヘッジに区分される。公正価値ヘッジにおいては，ヘッジ対象の資産または負債，確定約定リスクに起因する部分の帳簿価額を修正し，損益を計上することになっている。ヘッジ手段については，当期の損益で処理される。

　キャッシュ・フロー・ヘッジについては，将来の予定取引等のヘッジをいうが，ヘッジ手段に生じた損益のうちヘッジとして有効な部分は，株主持分変動計算書を通じて，直接，資本の部で処理することになっている。

　FASB基準では，公正価値ヘッジの処理はIASB基準と同様である。キャッシュ・フロー・ヘッジの処理は，将来の予定取引等のヘッジであり，ヘッジ手段に生じた損益のうちヘッジとして有効な部分は，その他の包括利益で処理することになっている。

　ここで，簡単な例を挙げながら，繰延ヘッジと時価ヘッジの2つの処理方法についてみていく。

　まず，ヘッジ会計を適用しない場合，次の例では，損益認識のズレは次のようになる。

	第×1期	第×2期	合　計
ヘッジ対象		△100	△100
デリバティブ取引	100		100
損　　　益	100	△100	0

第8章　金融商品会計

　この場合，合計では損益が通算してゼロになるが，第1期に100の利益が，第2期に100の損失が計上され，損益の認識の時点にズレが生ずることになる。

　このような場合，損益認識の時点を合わせる方法に，今みた2つの方法がある。

＜繰延ヘッジ＞

	第×1期	第×2期	合　計
ヘッジ対象		△100	△100
デリバティブ取引	→	100	100
損　益	0	0	0

仕訳は次のようになる。

（第1期）

　（借）デリバティブ債権　　100　　（貸）繰延デリバティブ利益　100

（第2期）

　（借）繰延デリバティブ利益　100　　（貸）デリバティブ利益　　100

　なお，第2期は，ヘッジ対象の損失100も計上されており，合計損益はゼロになる。

　この方法が，金融商品会計基準における原則の処理方法であり，第1期に生じたデリバティブ取引の利益が第2期に繰り延べられていることになる。

＜時価ヘッジ＞

	第×1期	第×2期	合　計
ヘッジ対象	△100	←	△100
デリバティブ取引	100		100
損　益	0	0	0

仕訳は次のようになる。

(第1期)

```
(借) ヘッジ対象損失      100    (貸) ヘッジ対象       100
(借) デリバティブ債権    100    (貸) デリバティブ利益  100
```

　この方法は、金融商品会計基準でも許容されている処理方法で、第1期にデリバティブ取引の利益100を認識すると同時にヘッジ対象の損失100も計上されることになる。

(3) 設　例

　ここで、簡単な設例を用いて、ヘッジ会計の処理をみていく。
　当社は平成01年12月1日に商品Aの掛仕入を行った。この商品Aは、期末現在保有しており、在庫商品A（期末評価は原価法による）の価値下落をヘッジするために平成01年12月31日に商品先物売契約を締結した。なお、委託証拠金等については考慮せず、ヘッジ会計の要件は満たしているものとする。決算日は、平成02年3月31日である。

≪ヘッジ対象及びヘッジ手段に関する資料≫

在庫商品A (3,000kg)	商品先物 (3,000kg)
帳簿価額　90,000千円（30千円／kg）	売約定価格　105,000千円（35千円／kg）
購入日　平成01年12月1日	契約日　平成01年12月31日
売却日　平成02年5月25日	売約定日　平成02年5月25日

≪在庫商品A及び商品先物の価格の推移≫

	在庫商品A	商品先物
平成01年12月1日	30千円／kg	40千円／kg
平成01年12月31日	27千円／kg	36千円／kg
平成02年3月31日	22千円／kg	30千円／kg
平成02年5月25日	19千円／kg	21千円／kg

第8章　金融商品会計

＜購入日の仕訳＞（三分法による）

```
                                        （単位：千円）
（借）仕      入    90,000    （貸）買   掛   金   90,000
```

＜契約日の仕訳＞

　仕訳不要

＜決算日の仕訳＞

① 売上原価の算定（三分法による）

```
                                        （単位：千円）
（借）繰 越 商 品   90,000    （貸）仕      入    90,000
```

② 先物取引の時価評価・繰延

```
                                        （単位：千円）
（借）先 物 取 引 差 金   18,000    （貸）繰延ヘッジ利益   18,000
```

　（36－30）千円×3,000kg＝18,000千円

（貸借対照表）

　流動資産　商　　　品　　90,000千円

　流動資産　先物取引差金　18,000千円

　流動負債　買　　掛　　金　90,000千円

　流動負債　繰延ヘッジ利益　18,000千円

＜売却日の仕訳＞

① 先物取引の時価評価・差金決済

```
                                        （単位：千円）
（借）先 物 取 引 差 金   27,000    （貸）繰延ヘッジ利益   27,000
```

　（30－21）千円×3,000kg＝27,000千円

				(単位：千円)
（借）現　預　金	45,000	（貸）先物取引差金	45,000

(36－21)　千円×3,000kg＝45,000千円

② 売却の仕訳

				(単位：千円)
（借）売　掛　金	57,000	（貸）売　　上	57,000

19千円×3,000kg＝57,000千円

				(単位：千円)
（借）繰延ヘッジ利益	45,000	（貸）繰　越　商　品	45,000

　売却分の商品に係る売上原価は，90,000－45,000＝45,000千円となる。

　よって，ヘッジをしなかった場合には，90,000千円で購入したものを57,000千円で売却することになり，33,000千円の売却損が発生するところであったが，商品先物売契約を締結したことにより，売上原価が45,000千円となり，12,000千円の売却益が実現した。つまり，価格下落のリスクが回避できたことになる。

注

1)　西川郁生『国際会計基準の知識』日本経済新聞社，2000年，109頁。
2)　小栗崇資・熊谷重勝・陣内良昭・村井秀樹編『国際会計基準を考える：変わる会計と経済』大月書店，2003年，78頁参照。
3)　ＩＡＳＢ基準においては，この「消滅の認識」を「認識の中止」と呼んでいる。企業が金融資産について「認識の中止」をするのは，企業が金融資産を構成する契約上の権利に対する支配を失った場合のみである。
4)　ＩＡＳＢ基準においても，「認識の中止」を認める概念として，支配を前提とした財務構成要素アプローチが採られている。
5)　広瀬義州『財務会計（第4版）』中央経済社，2003年，469頁参照。
6)　西川，前掲書，116－117頁。

第9章

退職給付会計

1 意義及び導入の経緯

　わが国においては，多くの企業が企業年金制度を採用しているが，従来，企業年金制度にもとづく退職給付の会計処理については，明確な会計基準がなかった。

　そこで，平成10年6月，企業会計審議会より「退職給付に係る会計基準の設定に関する意見書」及び「退職給付に係る会計基準」が公表され，さらに，これを受ける形で，平成11年9月，日本公認会計士協会より「退職給付会計に関する実務指針（中間報告）」が公表された（同実務指針は，平成13年12月，平成15年9月に改正されている）。会計基準設定の必要性は，簡単にまとめると次のようになる。

　まず，退職給付に係る費用が増大していく状況にあって，年金を含む退職給付の支払いに必要な原資の確保状況等の企業の財政状態に関する潜在的なリスクが明らかにされないことは，投資家にとって適切な意思決定を行う妨げとなり，一方，経営者にとっても，企業の財政状態，経営成績及びキャッシュ・フローの状況を適切に把握することを困難なものにする状況になってきている。

　また，退職給付の支払方法の違いや積立方法の違いにより会計処理が異なり，企業によって，退職給付費用の認識時期や測定方法に違いが生じるため，投資

家にとって，企業間の業績の比較可能性が確保できないことになる。

さらに，諸外国においても企業年金に係る会計情報の充実が図られ，グローバル・スタンダードの観点から，企業年金に係るディスクロージャーの重要性が一層高まっている[1]。

このような必要性から，退職給付に係る会計基準（以下，「退職給付会計基準」と略す）等が作成され，平成12年4月1日以後開始する事業年度から，退職給付会計が導入された。

わが国の退職給付制度は，退職一時金と企業年金が併存している。従来の会計処理では，退職一時金の方は貸借対照表の負債に退職給与引当金として計上され，企業の債務として認識されてきたが，一方，企業年金は厚生年金基金等への拠出分のみが費用として計上されるにとどまっていた。今回の退職給付会計では，これを一体的に債務として認識し，つまり，企業年金についても将来発生する資金負担の現在の価値を計算して，費用として計上することになる。

2 退職給付の概念

(1) 定　　義

退職給付とは，一定期間にわたり労働を提供したこと等の事由にもとづいて，退職以後に従業員に支給される給付をいい，退職一時金や退職年金等がその典型例である。社内引当てによる一時金制度でも，外部積立てによる年金制度でも，いずれも退職給付である。

(2) 性　　格

退職給付の性格に関しては，社会経済環境の変化等により，賃金後払説，功績報償説，生活保障説等諸説があるが，退職給付会計基準では，基本的には賃金後払説にたち，労働協約等にもとづいて従業員が提供した労働の対価として支払われる賃金の後払いと考え，勤務期間を通じた労働の提供に伴って発生す

るものと捉えられている。したがって，退職給付は，その発生が当期以前の事象に起因する将来の特定の費用的支出であり，当期の負担に属すべき額は，その支出の事実にもとづくことなく，その支出の原因または効果の期間帰属にもとづいて費用として認識することが必要になる。つまり，従来の退職給与引当金と同様の発生主義の考え方を踏襲したものと考えられる。

なお，役員退職慰労金については，労働の対価との関係が必ずしも明らかではないので，退職給付に係る会計基準では直接対象とはしていない。

さて，企業年金制度には確定給付型年金と確定拠出型年金とがある。

確定給付型年金は，従業員が将来受け取ることになる給付額を定め，企業はこの給付額の支給を従業員に約束しているもので，よって，運用収益が目標に達しない場合には，積立不足が生じるため，これを企業が穴埋めするのが原則となっている。

一方，確定拠出型年金は，決まった掛け金を毎年拠出し，その積立金の運用成果次第で将来の受け取る年金額が変化するもので，よって，将来の年金額を約束していないので，運用収益が悪くても企業はその穴埋めをする必要はなく，資産運用の成否は従業員側で責任を持つことになる。

企業年金は，厚生年金に上乗せする年金として，企業が従業員を対象として独自に設計する年金制度である。従来は厚生年金基金制度と適格退職年金制度が主流であったが，平成24年3月31日をもって適格退職年金制度については廃止されることとなっている。両者とも，もともと退職一時金制度から移行する形で成立した制度で確定給付型年金である。

一方，平成13年6月29日に「日本版401k」と称される確定拠出年金法が公布，同年10月1日より施行されるとともに，確定給付企業年金法が平成13年6月15日に公布，平成14年4月1日より施行され，廃止される適格退職年金制度の新たな移行先として，確定拠出年金制度，確定給付企業年金制度が創設された。「401k」とは，米国において普及している確定拠出型年金で，米国の「内国歳入法401条k項」に準拠した税制適格年金を指しており，これをわが国において手本としている。

3 退職給付に係る会計処理

(1) 負債の計上額

　退職給付会計基準，二．1によれば「退職給付債務に未認識過去勤務債務及び未認識数理計算上の差異を加減した額から年金資産の額を控除した額を退職給付に係る負債として計上する。

　ただし，年金資産については，その額が企業年金制度に係る退職給付債務に当該企業年金制度に係る未認識過去勤務債務及び未認識数理計算上の差異を加減した額を超える場合には，当該超過額を退職給付債務から控除することはできないものとし，前払年金費用として処理するものとする」とされている。

　ここで，用語の説明をしておく。

　退職給付債務とは，退職給付のうち認識時点までに発生していると認められるものをいい，割引計算により測定される。当期の退職給付債務は，退職給付見込額のうち，期末までに発生していると認められる額を一定の割引率及び残存勤務期間（予想される退職時から現在までの期間）にもとづき割り引いて計算される。また，退職給付見込額は，合理的に見込まれる退職給付の変動要因を考慮して見積られる。

　退職給付見込額のうち当期までに発生したと認められる額は，退職給付見込額について全勤務期間で除した額を各期の発生額とする方法その他従業員の労働の対価を合理的に反映する方法を用いて計算される。

　過去勤務債務とは，退職給付水準の改訂等に起因して発生した退職給付債務の増加または減少部分をいう。過去勤務債務は，原則として，各期の発生額について平均残存勤務期間以内の一定の年数で按分した額を毎期費用計上しなければならない。なお，過去勤務債務のうち費用処理されていないものを未認識過去勤務債務という。

　数理計算上の差異とは，年金資産の期待運用収益と実際の運用成績との差異，

退職給付債務の数理計算に用いた見積数値と実績との差異及び見積数値の変更等により発生した差異をいう。数理計算上の差異は，原則として，各期の発生額について平均残存勤務以内の一定の年数で按分した額を毎期費用処理する必要がある。なお，数理計算上の差異のうち費用処理されていないものを未認識数理計算上の差異という。

年金資産とは，企業年金制度にもとづき退職給付に充てるため積み立てられている資産をいう。年金資産の額は，期末における公正な評価額により計算される。

ＩＡＳＢ基準では，年金債務の負債計上は次のようになる。給付建債務の現在価値，未認識の保険数理的損益（益の場合は加算），未認識の過去勤務費用，そして年金資産の公正価値により算出した金額がプラスの場合には，負債に計上することになっている。退職給付債務については，当期及び過年度の従業員の勤務から生じた債務を決済するのに必要とされる将来の予想支払額の現在価値（年金資産控除前）となっている。

過去勤務債務の処理方法については，受給権利確定までの平均期間にわたり定額償却することになっており，既に権利確定しているものについては，即時償却される。数理計算上の差異の処理方法については，未償却累計額のうち，年金債務と年金資産のいずれか大きい方の10％以内に収まる部分は償却しなくてもよく，10％超過分は，従業員の残存勤務年数にわたる均等償却が最低限要求されることになっている。

ＦＡＳＢ基準では，年金債務の負債計上は次のようになる。未払年金費用は負債計上しなければならず，ＡＢＯ（累積給付債務）の未積立額がある場合には，その金額が負債計上の最低限とされる。退職給付債務については，基本的にはＰＢＯ（予測給付債務）が用いられる。ただし，ＡＢＯの未積立額を負債計上額の最低額としている。

過去勤務債務の処理方法については，現役従業員に係る過去勤務債務は個人別の残存勤務年数または平均残存勤務年数にわたり定額償却される。退職従業員に対する分も，残存余命にわたり繰延償却される。数理計算上の差異の処理

方法については，IASB基準と同様である。

(2) 退職給付費用の処理額

　退職給付会計基準，三．1によれば「当期の勤務費用及び利息費用は退職給付費用として処理し，企業年金制度を採用している場合には，年金資産に係る当期の期待運用収益相当額を差し引くものとする。なお，過去勤務債務及び数理計算上の差異に係る費用処理額は退職給付費用に含まれるものとする」とある。

　ここで，勤務費用とは，一期間の労働の対価として発生したと認められる退職給付をいい，割引計算により測定される。当期の勤務費用は，退職給付見込額のうち当期に発生したと認められる額を一定の割引率及び残存勤務期間にもとづき割り引いて計算される。

　利息費用とは，割引計算により算定された期首時点における退職給付債務について，期末までの時の経過により発生する計算上の利息をいう。当期の利息費用は，期首の退職給付債務に割引率を乗じて計算される。

　期待運用収益相当額とは，期首の年金資産の額について合理的に予測される収益率（期待運用収益率）を乗じて計算される。

(3) 貸借対照表の表示

　退職給付会計基準，四．1によれば「貸借対照表において退職給付に係る負債を計上するにあたっては，当該負債は原則として退職給付引当金の科目をもって計上する」とされている。

① 基本的会計処理

　将来の退職給付のうち当期の負担に属する金額（退職給付費用）を当期の費用として引当金に繰り入れ，当該引当金の残高（退職給付引当金）を，退職給付に係る負債として貸借対照表の負債の部に計上することが，基本的な会計処理の考え方である。

具体的な仕訳は次のようになる。

> (借) 退職給付費用　×××　　(貸) 退職給付引当金　×××

　将来の退職給付のうち当期の負担に属する金額（退職給付費用）は、退職時に見込まれる退職給付の総額について合理的な方法により各期の発生額を見積り、これを一定の割引率及び予想される退職時から現在までの期間にもとづき現在価値額に割り引く方法（現価方式）により計算される。これは、退職給付費用の認識を発生給付評価方式により把握することを意味していると考えられる。

　年金財政の計算においては、予測給付評価方式と呼ばれるものもある。これは、年金の掛け金を、将来の給付額を賄うために今いくらの積立金が必要で、毎年の掛け金をいくらにすべきかという財政計算上の方式をいい、各期の掛金コストが定額または給付の一定率となるように将来の退職給付額を各期に配分する方法であるが、費用の発生という観点からの方法ではない。

　また、退職給付の各期の発生額を見積る方法には、勤務期間を基準とする方法、給与比例による方法（全勤務期間における給与支給額に対する各期の給与額の割合にもとづく配分方法）、退職給付の支給倍率を基準とするものが考えられる。

　退職給付会計基準では、国際的に一般的である勤務期間を基準とする方法が採用されているが、給与比例による方法も認められている。

② 年金資産及び期待運用収益

　企業年金制度を採用している企業には、退職給付に充てるため外部に積み立てられている年金資産が存在する。

　年金資産（公正な評価額）は、退職給付に係る負債の計上にあたり差し引かれ、貸借対照表上には計上されない。年金資産のこのような取扱いは、年金資産は退職給付の支払いにのみ使用されることを制度的に担保されているため、これを収益獲得のために保有する一般の資産と同様に貸借対照表上に計上する

と，利害関係者に対して誤解を与えるおそれがあることによる。

なお，年金資産は，注記によりその内容が開示される。また，年金資産の運用により生じると期待される収益は退職給付費用から控除される。

年金資産が企業年金制度に係る退職給付債務を超えることになる原因には次のものが考えられる。

【a】	年金資産の実際運用収益が期待運用収益を超過する場合等，数理計算上の差異の発生による退職給付債務の減少または年金資産の増加。
【b】	退職給付水準の引き下げによる退職給付債務の減少（過去勤務債務の発生）。
【c】	年金財政計算による年金掛金が退職給付費用を超過する状態の継続。

退職給付会計基準，二．1の但し書きによれば，「年金資産については，その額が企業年金制度に係る退職給付債務に当該企業年金制度に係る未認識過去勤務債務及び未認識数理計算上の差異を加減した額を超える場合には，当該超過額を退職給付債務から控除することはできないものとし，前払年金費用として処理するものとする」とあるが，この処理は上記のcの場合における規定である。

aやbの場合は，退職給付会計基準・注解【注1】により，その制度上，年金財政計算による年金掛金の減少または剰余金として企業に返還される場合であり，当該超過が解消するまでは，過去勤務債務または数理計算上の差異の費用（減額）処理を行うにあたり資産（前払年金費用）及び利益として認識しないこととしている。この理由は，当該年金資産の退職給付債務に対する超過額が掛け金の拠出にかかわらず生じたものであり，また，企業がこれを自由に処分することができないため，企業の資産や利益として認識することが妥当ではないと考えられることである。

ちなみに，企業は株安による企業年金の積み立て不足の穴埋めを狙って，退職給付信託と呼ぶ制度を用い，株式等を年金のために信託し，会計上の年金資産として積み立ててきたが，最近の株高で年金資産が必要な積立額を大幅に上

第9章　退職給付会計

回る例がでてきた。企業の間では信託の一部を解約して返還を受け，利益に計上しようという動きがあるが，平成17年3月期から，この資産の返還益を利益計上する会計処理が原則認められないことになっている[2]。

③　会計基準変更時差異の費用化

会計基準変更時差異とは，新会計基準に移行した日における退職給付引当金と既計上の退職給与引当金等との差異をいう。移行当時，新聞報道で60兆円とも80兆円ともいわれた積み立て不足額とは，まさに，この会計基準変更時差異のことである。上記の既計上の退職給与引当金等には，次の項目が含まれる[3]。

【a】　企業年金制度の過去勤務債務等を費用認識した結果の未払金等
【b】　企業年金制度の年金掛金を前払いしたことによる未経過残高

会計基準変更時差異は，適用初年度の期首において基本的に次の算式により求められる。

会計基準変更時差異＝（適用初年度）期首退職給付債務－年金資産
**　　　　　　　　　　－前期末B／S退職給与引当金**

会計基準変更時差異は，次の算式により15年以内の一定の年数にわたり定額法により費用処理される。なお，一定の年数にわたる費用処理には，適用初年度に一括して費用処理する方法も含まれる。

$$会計基準変更時差異の費用化額＝\frac{会計基準変更時差異}{15年以内の一定の年数}$$

④　過去勤務債務及び数理計算上の差異

退職給付の給付水準の改訂及び退職給付の見積りの基礎となる計算要素の変更等により，過去勤務債務及び数理計算上の差異が生じる[4]。

過去勤務債務及び数理計算上の差異は一時費用とはしないで，原則として，

一定の期間にわたり規則的に費用として処理される。これを遅延認識という。遅延認識が採用される理由は次のようである。

過去勤務債務の発生要因である給付水準の改訂等が従業員の勤労意欲が将来にわたり向上するとの期待のもとに行われる側面があり，数理計算上の差異には予測と実績の乖離のみならず予測数値の修正も反映されることから各期に生じる差異を直ちに費用として計上することが，退職給付に係る債務の状態を正しく表現するとはいえない側面があること等である。

なお，未認識の過去勤務債務及び数理計算上の差異は，退職給付に係る負債の計上にあたり控除され，貸借対照表には計上されない。よって，遅延認識のため，過去勤務債務及び数理計算上の差異については，貸借対照表上未認識となる部分が存在することとなるが，これらについては注記によりその内容が開示されることになる。

(4) 設　例

ここで，簡単な設例を用いて，退職給付会計の処理をみていく。

＜設例１＞

（会計期間：自平成01年４月１日　至平成02年３月31日）

（資料）　平成01年４月１日の状況

a．	期首退職給付債務	5,000,000円
b．	勤務費用	1,500,000円
c．	会計基準変更時差異　250,000円（10年で均等償却）	
d．	期首年金資産	2,000,000円
e．	割引率	3％
f．	期待運用収益率	2.5％
g．	期中の外部への掛金拠出額	250,000円
h．	期中の外部からの年金支給額	150,000円

利　息　費　用：5,000,000×3％＝150,000円

会計基準変更時差異の償却額：250,000／10年＝25,000円

期待運用収益：2,000,000×2.5％＝50,000円

退職給付費用：1,500,000＋150,000＋25,000－50,000＝1,625,000円

期首，拠出時，支給時の仕訳は次のようになる。

＜期首の仕訳＞

(単位：円)
(借) 退職給付費用　1,625,000　(貸) 退職給付引当金　1,625,000

＜拠出時の仕訳＞

(単位：円)
(借) 退職給付引当金　250,000　(貸) 現　金　預　金　250,000

＜支給時の仕訳＞

　　仕訳不要

　企業年金を支給しているのは外部企業であるため当社の支出はないので，仕訳は不要になる。

＜設例 2 ＞

（会計期間：自平成01年 4 月 1 日　至平成02年 3 月31日）

（資料 1 ）　退職給付に関する事項

a．数理計算上の差異	150,000円	
b．過去勤務債務	30,000円	
a，bについては，平均残存勤務期間を20年として定額法により償却。		
c．期首退職給付債務	600,000円	
d．勤　務　費　用	300,000円	
e．割　引　率	3 ％	

（資料2） 期中において，退職一時金として，規定額通り12,000円を支払った。

利 息 費 用：600,000×3％＝18,000円

数理計算上の差異の費用化：150,000／20年＝7,500円

過去勤務債務の費用化：30,000／20年＝1,500円

退職給付費用：300,000＋18,000＋7,500＋1,500＝327,000円

期首，支給時の仕訳は次のようになる。

＜期首の仕訳＞

（単位：円）

（借）退職給付費用　327,000　　（貸方）退職給付引当金　327,000

＜支給時の仕訳＞

（単位：円）

（借）退職給付引当金　12,000　　（貸方）現　金　預　金　12,000

注

1) IASB基準においては，「従業員給付」のタイトルで，給与以外の従業員の役務に対するあらゆる形態の対価の会計処理に関する基準が示され，このなかで中心となるものが退職給付の年金会計の部分である。
2) 「日本経済新聞」，2004年9月7日。
3) 監査法人太田昭和センチュリー編『退職給付会計』中央経済社，2000年，95頁。
4) 数理計算上の差異の具体例としては，①実績昇給と予定昇給との差異，②実際の退職率と予定退職率との差異，③実際の運用収益率と期待運用収益率との差異，④実際の一時金選択率と予定一時金選択率との差異，⑤期末の割引率と期首の割引率との差異等が考えられる。

第10章

減損会計

1 導入の経緯

　平成12年7月，企業会計審議会は，第一部会で審議されていた固定資産の会計処理の問題を同部会から引き継いで，固定資産部会を設置した。同部会は，平成12年6月に企業会計審議会により公表された「固定資産の会計処理に関する論点の整理」において，最優先の課題とされた固定資産の減損会計及び国際会計基準との対比から検討課題とされた投資不動産の取扱いについて審議を続け，平成13年7月，「固定資産の会計処理に関する審議の経過報告」を公表した。

　その後，金融庁は，早ければ平成15年4月1日以後開始する事業年度から減損会計を導入する考えを固め，これは，国際的な会計基準に合わせ企業経営の実態をより正確に把握し，投資家の信頼を高めるのが狙いであったといえる。

　ちなみに，平成12年4月1日以後開始する事業年度から，開発や分譲を目的にした販売用不動産のうち簿価の50％以下に下落した物件は，損失処理が義務づけられた。また，多額の不動産在庫を抱えている商社，建設，不動産等の法人のなかには，平成11年4月1日以後開始する事業年度から，この会計処理を前倒しして行っているところもあった[1]。

　その後，平成14年4月に「固定資産の減損に係る会計基準の設定に関する意

見書（公開草案）」が公表され，これを踏まえながら，同年8月「固定資産の減損に係る会計基準」が設定された。さらに平成15年3月「『固定資産の減損に係る会計基準の適用指針』の検討状況の整理」が公表され，同年8月「固定資産の減損に係る会計基準の適用指針（案）」が公表され，そして同年10月，企業会計基準適用指針第6号「固定資産の減損に係る会計基準の適用指針」が公表されるに至り，平成17年4月1日以後開始する事業年度から，減損会計が強制適用されている。

ところで，IASCは，平成11年7月1日以降に適用開始のIAS第36号「資産の減損」を公表している。アメリカにおいても，平成7年にFASBが財務会計基準（FAS）第121号「長期性資産の減損及び処分予定の長期性資産の会計」を策定し，さらに平成13年8月にFAS第144号を公表して，従来の基準の整理並びに基準適用の際の実務指針を発表している[2]。

本章では，特に「固定資産の減損に係る会計基準」及び同注解を参考にしながら，減損会計の概要をみていく。

2 減損の概念及び現状

減損とは，物理的理由または経済環境の変化により，資産の帳簿価額の全額を回収することができなくなったことをいう。減損が生じた資産の帳簿価額は，回収可能価額まで切り下げなければならない。固定資産の減損処理（減損会計）とは，このように，企業が持つ資産の時価が帳簿価額を大幅に下回ったとき，一定の条件のもとで回収可能性を反映させるように帳簿価額を減額する会計処理をいう。

減損会計が本格的に導入されれば，わが国においては，半導体メーカー等において，多額の資金を投入して建設した最新鋭の工場設備の稼働率が，市況の低迷等により悪化しており，時価で評価し直せば，巨額の損失が発生し過剰設備の実態が明らかになり，また，バブル期に取得した土地に多額の含み損を抱える建設会社や生命保険会社に対して多額の損失計上を義務づけることになる。

第10章　減損会計

　前述したように，既に販売用不動産においては減損処理が義務づけられてはいるが，これを自社利用不動産に勘定科目を変更することにより，損失計上の先送りをしてきた企業も少なからずあり，一方において，日立製作所や小松製作所等の優良企業は前倒しで減損処理を行っており，減損会計の本格的な導入により，企業間の格差が表面化する可能性が大いにある[3]。

　その後，不動産大手の三菱地所や三井不動産は，平成14年3月期に，保有する土地や賃貸ビル等の含み損を一括処理した。具体的には，三菱地所は，土地については，土地再評価法を用いて含み益約9,600億円を捻出することにより，約2,700億円の含み損を相殺処理し，建物については約1,600億円の評価損を計上した。三井不動産は，土地について，同法を用いて含み益約6,200億円を捻出し，約3,550億円の含み損を相殺処理した。いずれも，減損会計導入を見越し，土地再評価法を活用しながら，バブル期の負の遺産を一掃しようというものであった[4]。

　さて，固定資産の減損に係る会計基準は，前述したように，平成17年4月1日以後開始する事業年度より上場企業等に対して強制適用されることになっているが，前倒しで適用する企業がでてきていた。

　平成16年3月期では，主な企業をみてみると，新日本石油がガソリンスタンドの土地等を対象に1,700億円程度，住友不動産が土地等を対象に1,000億円程度，日本信販が遊休土地等を対象に662億円程度，新日本製鐵が遊休土地，テーマパーク等を対象に600億円程度，りそなホールディングスが営業店舗等を対象に340億円程度，アサヒビールが土地等を対象に300億円程度，スズキが営業所用土地を対象に165億円程度，鹿島がゴルフ場等を対象に最大150億円程度，小売業では初めてであるが伊勢丹が店舗等を対象に63億円程度の減損処理を実施した[5]。

　なお，商法会計においても商法施行規則29条において固定資産の評価についての規定があり，予測不能の減損が生じた場合は，相当の減額をしなければならない旨が謳われている。

173

3 減損の認識及び測定

　減損の測定は，帳簿価額を回収する将来キャッシュ・フローの見積りに大きく依存する。キャッシュ・フローが約定されている場合の金融商品とは異なり，成果の不確実な事業用資産等の減損は測定が主観的になるきらいがある。その点を考慮すると，減損損失の認識にあたっては，まず，減損の蓋然性を識別する基準を設け，減損の存在が相当程度に確実な場合に限り減損損失を認識し，帳簿価額を減額することが適当と考えられる。

　減損の兆候が認められた資産または資産グループについて，将来にわたり得られるキャッシュ・フローを見積り，減損の認識は，割引前将来キャッシュ・フローの総額が帳簿価額より低い場合においてのみ行い，認識すべき減損額は回収可能価額が帳簿価額を下回る額で，当該減損額は減損による損失として損益計算書に計上される。

　減損の兆候としては，次のような事象が考えられる。

【a】	資産または資産グループが使用されている営業活動から生ずる損益またはキャッシュ・フローが，継続してマイナスとなっているか，あるいは，継続してマイナスとなる見込みがあること。
【b】	資産または資産グループが使用されている範囲または方法について，当該資産または資産グループの回収可能価額を著しく低下させる変化が生じたか，あるいは，生ずる見込みであること。
【c】	資産または資産グループが使用されている事業に関連して，経営環境が著しく悪化したか，あるいは悪化する見込みであること。
【d】	資産または資産グループの市場価格が著しく下落したこと。

　減損損失を認識するか否かの判断に際して見積るべき将来キャッシュ・フローは，企業の固有の事情に照らして，合理的で説明可能な仮定及び予測にもとづいて見積られなければならない。また，資産または資産グループの使用価値の算定に際しても，同様の方法で将来キャッシュ・フローを見積られなけれ

第10章 減損会計

ばならない。

　回収可能価額とは，資産または資産グループの正味売却価額と使用価値のいずれか高い方の金額をいう。

　正味売却価額とは，資産または資産グループの時価から処分費用見込額を控除して算定される金額をいう。時価とは公正な評価額を指す。

　使用価値とは，資産または資産グループの継続的使用と使用後の処分によって生ずると見込まれる将来キャッシュ・フローの現在価値，つまり将来キャッシュ・フローを適切な割引率で割り引いて求められる額をいう。

　ＩＡＳ第36号では回収可能価額が帳簿価額を下回る場合に，直ちに減損損失を認識し，減損損失の測定規準としては回収可能価額を使用している。ＦＡＳ第121号では割引前将来キャッシュ・フローの総額が帳簿価額を下回る場合に，減損損失を認識し，減損損失の測定規準としては公正価値を使用している。公正価値とは通常はその資産の市場価値を指すが，市場価値を把握できない資産は，その資産から得られるキャッシュ・フローを現在価値に割り引いて算定される。

　ここで簡単な設例を用いて減損会計を説明する。

　広島機械株式会社は平成01年度期首に機械装置を2,000千円で取得し，定額法により減価償却を行っている。この機械装置の耐用年数は8年，残存価額は取得価額の10％とする。平成03年度末になって，この機械装置に減損の兆候が確認されたため，減損テストを実施した結果，当期に減損処理を実施する必要性が認められた。平成03年度末時点におけるこの機械装置の正味売却価額は700千円，使用価値は750千円とする。この機械装置に関して平成03年度決算時に必要となる仕訳を示すと次のようになる。

(単位：千円)

(借) 機械装置減価償却累計額　450	(貸) 機械装置	1,250
減価償却費　　　　　　　225		
減損損失　　　　　　　　575		

減損損失の金額の算定：平成03年度末時点の帳簿価額（2,000千円－450千円－225千円）－回収可能価額750千円＝575千円

　なお，正味売却価額700千円＜使用価値750千円より，回収可能価額は750千円となる。

4　減損会計の対象となる資産

　固定資産を対象に適用されるが，他の基準に減損処理に関する定めがある資産，例えば，「金融商品に係る会計基準」における金融資産や，「税効果会計に係る会計基準」における繰延税金資産については，対象資産から除かれる。

　つまり，概ね有形固定資産，無形固定資産，投資その他の資産（市場販売目的のソフトウェア，金融資産，繰延税金資産，前払年金費用等を除く）が対象となる。

5　資産のグルーピング

①　資産のグルーピングの方法

　減損損失を認識するかどうかの判定と減損損失の測定において行われる資産のグルーピングは，他の資産または資産グループのキャッシュ・フローから概ね独立したキャッシュ・フローを生み出す最小の単位で行われる。

②　資産グループについて認識された減損損失の配分

　資産グループについて認識された減損損失は，帳簿価額にもとづく比例配分等の合理的な方法により，当該資産グループの各構成資産に配分される。

6　のれんの取扱い

　のれんを認識した取引において取得された事業の単位が複数である場合には，

のれんの帳簿価額を合理的な基準にもとづき分割する。

分割されたそれぞれののれんに減損の兆候がある場合に，減損損失を認識するかどうかの判定は，のれんが帰属する事業に関連する複数の資産グループに，のれんを加えた，より大きな単位で行う。

のれんを含む，より大きな単位について減損損失を認識するかどうかを判定するに際しては，のれんを含まない各資産グループにおいて算定された減損損失控除前の帳簿価額にのれんの帳簿価額を加えた金額と，割引前将来キャッシュ・フローの総額とを比較する。この場合に，のれんを加えることによって算定される減損損失の増加額は，原則として，のれんに配分される。

のれんの帳簿価額を帰属する事業に関連する資産グループに合理的な基準で配分することができる場合には，のれんの帳簿価額を各資産グループに配分したうえで，減損損失の認識が判定できる。認識された減損損失は，のれんに優先的に配分し，残額は，帳簿価額にもとづく比例配分等の合理的な方法により，当該資産グループの各構成資産に配分される。

7 減損処理と減価償却

減損処理は，資産の経済的価値の減少を認識するという意味では減価償却と類似するが，減損処理は減損時の資産の公正価値を評価することを目的としている点で減価償却とは異なる。

8 財務諸表における開示

概ね次のようになる。
① 減損損失累計額は減価償却累計額と同様に，固定資産の取得原価から控除される。貸借対照表におけるその表示方法には，直接控除方式，間接控除方式がある。
② 減損損失は固定資産に関する臨時的な損失であるため，原則として特別損

失に計上する。
③　重要な減損損失を計上した場合には，減損損失を認識した資産，減損損失の認識に至った経緯，減損損失の金額，資産のグルーピングの方法，回収可能価額の算定方法等について注記を行う。

注

1)　「日本経済新聞」（第5部），2000年6月30日参照。
2)　小栗崇資・熊谷重勝・陣内良昭・村井秀樹編『国際会計基準を考える：変わる会計と経済』大月書店，2003年，88-89頁。
3)　「日本経済新聞」，2001年12月1日。なお，販売用不動産の減損処理額は，販売用不動産評価損等の科目名で特別損失に計上されていた。
4)　「日本経済新聞」，2002年3月2日及び3月6日参照。
5)　「日本経済新聞」，2004年3月27日及び4月14日参照。

第11章

リース会計

1 概　　説

　リース取引に関する会計基準が，平成5年6月17日，企業会計審議会より提示された。それは「リース取引に係る会計基準」及び同注解である。また，平成6年1月18日，日本公認会計士協会会計制度委員会より「リース取引の会計処理及び開示に関する実務指針」が公表された。本章では，この「リース取引に係る会計基準」，同注解及び「リース取引の会計処理及び開示に関する実務指針」を参考にしながら，ＩＡＳＣやＦＡＳＢの基準も適宜用いて，リース取引の会計処理について説明していく。

　リース取引とは，特定の物件の所有者たる貸手（レッサー）が，当該物件の借手（レッシー）に対し，合意された期間（以下，「リース期間」という）にわたりこれを使用収益する権利を与え，借手は，合意された使用料（以下，「リース料」という）を貸手に支払う取引をいう。

　従来商法会計では，利害調整機能が重視されてきたが，ここ数年の商法改正において投資家に対する情報提供機能の充実への転換が少なからずみられていることは既に述べたが，リース取引の商法会計導入はその現象の1つの現れであるとみることができる。

　所有権という概念と結びついた財産が商法上貸借対照表に計上されるべきで

あるという商法の予定する資産概念に対し，最初に問題を提起したのがリース資産の取扱いであったといえ，リース資産は，その利用により収益が生まれるため，そういったリース資産の利用権を所有権を前提とした他の資産と同列に扱ってもいいものかどうかということであった[1]。

具体的には，商法施行規則66条において，「リース契約により使用する重要な固定資産は，注記しなければならない。ただし，資産の部に計上するものは，この限りでない」と規定し，リース資産の資産計上を認めている。

2 リース取引の分類

リース取引は次の2種類に分けられる。

① ファイナンス・リース取引

ファイナンス・リース取引とは，リース契約にもとづくリース期間の中途において当該契約を解除することができないリース取引またはこれに準ずるリース取引で，借手が，当該契約にもとづき使用する物件（以下，「リース物件」という）からもたらされる経済的利益を実質的に享受することができ，かつ，当該リース物件の使用に伴って生じるコストを実質的に負担することとなるリース取引をいう。

② オペレーティング・リース取引

オペレーティング・リース取引とは，ファイナンス・リース取引以外のリース取引をいう。

①のファイナンス・リース取引について，「リース取引の会計処理及び開示に関する実務指針」（以下，「リース実務指針」という）を引用しながらさらにみてみる。

リース契約にもとづくリース期間の中途において当該契約を解除することが

できないリース取引に準ずるリース取引とは，法的形式上は解約不可能であるとしても，解約に際し相当の違約金（これを規定損害金という）を支払わねばならない等の理由から事実上解約不能と認められる取引である。リース実務指針によれば，このことを解約不能と呼んでいる。

契約にもとづき使用する物件からもたらされる経済的利益を実質的に享受するとは，当該リース物件を自己所有するとするならば得られると期待されるほとんどすべての経済的利益を享受することをいい，また，リース物件の使用に伴って生じるコストを実質的に負担するとは，当該リース物件の取得価額相当額，維持管理等の費用，陳腐化によるリスク等のほとんどすべてのコストを負担することとしている。リース実務指針によれば，このことをフルペイアウトと呼んでいる。

よって，ファイナンス・リースとは解約不能とフルペイアウトを条件とするリース取引であるということができる。具体的な判定基準については，ＩＦＲＳ第17号またはＦＡＳ第13号の線に沿って，リース実務指針にて次のように規定されている。

リース物件の所有権が借手に移転すると認められるリース取引については，ファイナンス・リース取引に該当するとされるが，例えば，リース契約上，リース期間終了後またはリース期間の中途で，リース物件の所有権が借手に移転することとされているリース取引，あるいは，リース契約上，借手に対して，リース期間終了後またはリース期間の中途で，名目的価額またはその行使時点のリース物件の価額に比して著しく有利な価額で買い取る権利（割安購入選択権）が与えられており，その行使が確実に予想されるリース取引等が挙げられる。

リース物件の所有権が借手に移転すると認められるもの以外のリース取引については，解約不能のリース期間中のリース料総額の現在価値が，当該リース物件の借手が現金で購入するものと仮定した場合の合理的見積金額（見積現金購入価額）の概ね90％以上であること，あるいは，解約不能のリース期間が，当該リース物件の経済的耐用年数の概ね75％以上であることのいずれかに該当

する場合に，ファイナンス・リース取引と判定される[2]）。

なお，オペレーティング・リースの要件は，解約可能またはノン・フルペイアウトとみることができる。

3 ファイナンス・リース取引に係る会計処理

(1) 原則的処理方法

① 借手側

ファイナンス・リース取引については，原則として通常の売買取引に係る方法に準じて会計処理を行う。

リース契約時の借手の会計処理は，リース物件の使用収益によって経済的利益を享受する権利を得るので，これを資産に計上するとともに，リース期間中，リース料を支払わなければならない義務を負っているので，これを負債に計上するというものである。

この場合，当該取引に係るリース物件の取得価額の算定方法は，リース取引開始時に合意されたリース料総額からこれに含まれている利息相当額の合理的な見積額を控除する方法とこれを控除しない方法とがあるが，原則として前者の方法によるものとする。

では，簡単な設例を用いて解説する。

池袋商事株式会社は，リース期間3年，年間リース料13,310円の条件で渋谷リース興業株式会社と機械のファイナンス・リース契約を結んだ。なお，このリース物件の現金購入価額は33,100円であり，借手の追加借入利子率は10％とし，減価償却は定額法（残存価額10％，耐用年数3年）で行う。

＜リース開始時の仕訳＞

（単位：円）

（借）機 械 装 置　33,100　　（貸）リ ー ス 債 務　33,100

機械装置(リース資産)及びリース債務の金額の計算:
　　$13,310 \div 1.1 + 13,310 \div (1.1)^2 + 13,310 \div (1.1)^3 = 33,100$円

　リース物件の購入取引に準じて処理を行うので、リース物件のリース料の現在価値を取得原価として資産に計上し、それに見合う未経過リース期間に対応するリース債務を負債に計上する。

＜1年目の決算時の仕訳＞

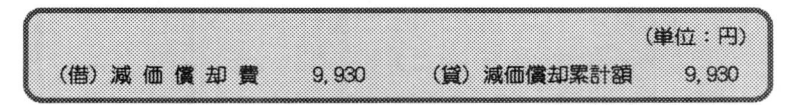

```
                                        (単位：円)
(借) 減 価 償 却 費   9,930   (貸) 減価償却累計額   9,930
```

減価償却費の金額の計算：$33,100 \times 0.9 \div 3 = 9,930$

```
                                        (単位：円)
(借) リ ー ス 債 務  10,000   (貸) 現      金   13,310
     支 払 利 息    3,310
```

支払利息の金額の計算：$33,100 \times 0.1 = 3,310$円

　まず、固定資産と同様にリース資産である機械装置は減価償却費を行う。また、リース債務については利息が生じるので、リース債務の期首残高に利子率を乗じて支払利息を計上し、支払リース料のうち支払利息以外の部分はリース債務の返済分として処理する。

② 貸 手 側

　借手側と同様、ファイナンス・リース取引については、原則として通常の売買取引に係る方法に準じて会計処理を行う。

　この場合、貸手側で売買処理する際、リース物件の売上高と売上原価とに区分して処理する方法と、リース物件の売買益等として処理する方法がある。

　では、上記の設例を用いて解説する。なお、貸手のリース物件の購入価額は33,100円である。

a．リース物件の売上高と売上原価とに区分して処理する方法
＜リース開始時の仕訳＞

```
                                              (単位：円)
  (借) リース債権    33,100    (貸) 買 掛 金    33,100
```

なお，貸手の計算利子率は次のように算定される。

$33,100 = 13,310 / x + 13,310 / x^2 + 13,310 / x^3$ により，$x = 1.1$

よって，貸手の計算利子率は10％である。

＜1年目の決算時の仕訳＞

```
                                              (単位：円)
  (借) 現        金    13,310    (貸) リース物件売上    13,310
  (借) リース物件売上原価  10,000    (貸) リース債権       10,000
```

リース物件売上原価の金額の計算：13,310−33,100×10％＝10,000円

　受取リース料をリース物件の売上高として計上し，当該金額からこれに対応する売買益相当額，つまり利息相当額を差し引いた額をリース物件の売上原価として計上する。

b．リース物件の売買益等として処理する方法
＜リース開始時の仕訳＞

```
                                              (単位：円)
  (借) リース債権    33,100    (貸) 買 掛 金    33,100
```

aと同様の仕訳である。

＜1年目の決算時の仕訳＞

```
                                              (単位：円)
  (借) 現        金    13,310    (貸) リース債権       10,000
                                      リース物件売買益    3,310
```

受取リース料を売買益相当額,つまり利息相当額部分とリース債権の元本回収部分とに区分をして計算し,リース債権の元本回収部分をリース債権の元本回収額として計上し,売買益相当額をリース物件の売買益として計上する。

(2) 許容される処理方法

① 借　手　側

　ファイナンス・リース取引のうち,リース契約上の諸条件に照らしてリース物件の所有権が借手に移転すると認められるもの以外の取引については,通常の賃貸借取引に係る方法に準じて会計処理を行うことができる[3]。ただし,この場合には,次に掲げる事項を財務諸表に注記しなければならない。なお,リース期間が1年未満のリース取引及び企業の事業内容に照らして重要性の乏しいリース取引でリース契約1件当たりの金額が少額なリース取引については,注記を省略することができる。

　わが国では,多くの企業がファイナンス・リース取引について,この許容される処理方法にて会計処理をしており,注記によるオフ・バランス処理を採用している。

　ａ．リース物件の取得価額相当額,減価償却累計額相当額及び期末残高相当額
　　(イ)　リース物件の取得価額相当額は,リース取引開始時に合意されたリース料総額から,これに含まれている利息相当額の合理的な見積額を控除した額にもとづいて算定する。
　　(ロ)　リース物件の減価償却累計額相当額は,通常の減価償却の方法に準じて算定する。
　　(ハ)　リース物件の期末残高相当額は,当該リース物件の取得価額相当額から減価償却累計額相当額を控除することによって算定する。
　　(ニ)　リース物件の取得価額相当額,減価償却累計額相当額及び期末残高相当額は,リース物件の種類別に記載する。リース物件の種類は,貸

借対照表記載の固定資産の科目に準じて分類する。
　b．未経過リース料期末残高相当額
　　㈲　未経過リース料期末残高相当額は，期末現在における未経過リース料（貸借対照表日後のリース期間に係るリース料をいう）から，これに含まれている利息相当額の合理的な見積額を控除することによって算定する。なお，未経過リース料期末残高については，未経過リース料に含まれている利息相当額を控除する方式を採用することが原則とされているが，重要性が乏しい場合には，利息を控除しない方式によることもできるとされている。
　　㈹　未経過リース料期末残高相当額は，貸借対照表日後1年以内のリース期間に係るリース料の額と1年を超えるリース期間に係るリース料の額とに分けて記載する。
　c．当期の支払リース料，減価償却費相当額及び支払利息相当額
　d．減価償却費相当額及び利息相当額の算定方法

② 貸手側

　借手側と同様，ファイナンス・リース取引のうち，リース契約上の諸条件に照らしてリース物件の所有権が借手に移転すると認められるもの以外の取引については，通常の賃貸借取引に係る方法に準じて会計処理を行うことができる。ただし，この場合には，リース物件の取得価額，減価償却累計額及び期末残高，未経過リース料期末残高相当額，当期の受取リース料，減価償却費及び受取利息相当額，そして利息相当額の算定方法を財務諸表に注記しなければならない。

4 オペレーティング・リース取引に係る会計処理

① 借手側

　オペレーティング・リース取引については，通常の賃貸借取引に係る方法に

準じて会計処理を行い，かつ，リース期間の中途において当該契約を解除することができるオペレーティング・リース取引を除き，次に掲げる事項を財務諸表に注記する。

【a】 貸借対照表日後1年以内のリース期間に係る未経過リース料
【b】 貸借対照表日後1年を超えるリース期間に係る未経過リース料

② 貸手側

借手側と同様，オペレーティング・リース取引については，通常の賃貸借取引に係る方法に準じて会計処理を行い，かつ，リース期間の中途において当該契約を解除することができるオペレーティング・リース取引を除き，次に掲げる事項を財務諸表に注記する。

【a】 貸借対照表日後1年以内のリース期間に係る未経過リース料
【b】 貸借対照表日後1年を超えるリース期間に係る未経過リース料

注

1) 田中久夫編『逐条解説・改正商法施行規則』税務経理協会，2003年，21頁参照。
2) 広瀬義州『財務会計（第4版）』中央経済社，2003年，448-450頁参照。
3) つまり，オン・バランス処理とオフ・バランス処理の選択適用が認められている。

第12章

外貨換算会計

1 概　説

　外貨換算会計とは，外国通貨単位（以下，「外貨」という）を測定単位とする会計数値を，自国通貨単位（以下，「円貨」という）を測定単位とする会計数値に変換する会計をいう[1]。

　わが国においては，企業会計審議会により，外貨換算に関する会計基準として昭和54年6月26日に「外貨建取引等会計処理基準」が設定され，その後平成7年5月26日にその改訂基準が公表され，さらに，平成11年1月22日に同審議会により公表された「金融商品会計基準の設定に関する意見書」を踏まえて，同年10月22日に再び同改訂基準が改訂され，現在に至っている。この改訂基準を本章では「外貨建取引等会計処理基準」と呼び，この「外貨建取引等会計処理基準」及び同注解を参考にしながら，外貨換算会計について説明していく。

　まず，換算レート法とその種類についてみてみる。外貨換算にあたりどのような為替相場（為替レート）を適用すべきかについて，一般に，流動・非流動法（current－noncurrent method），貨幣・非貨幣法（monetary－nonmonetary method），テンポラル法（temporal method），決算日レート法（closingrate method）等の方法がある。

① 流動・非流動法

この方法は，外貨表示の項目を流動項目と非流動項目とに分類し，流動項目については決算時の為替相場（closing rate：CR）で換算し，非流動項目については取得時または発生時の為替相場（historical rate：HR）で換算するものである。

② 貨幣・非貨幣法

この方法は，外貨表示の項目のうち，貨幣項目についてはCRを，非貨幣項目についてはHRを適用するものである。

③ テンポラル法

この方法は，既に外貨によって測定されている項目の数値の属性を重視する考え方であり，測定属性が現地通貨による原価である項目についてはHRで，測定属性が現地通貨である時価または公正価値である項目についてはCRで換算するものである。

この方法は，為替変動の影響を受けるか否かによって換算レートを異にするという意味で貨幣・非貨幣法と基本的に異なるところはないが，外貨による時価が付されている非貨幣項目がCRで換算される点が貨幣・非貨幣法と異なる点である[2]。

④ 決算日レート法

この方法は，すべての資産・負債項目についてCRを適用するものである。

2 外貨建取引の処理

(1) 外貨建取引の範囲

外貨建取引とは，売買価額その他取引価額が外国通貨で表示されている取引

をいう。外貨建取引には，㈤取引価額が外国通貨で表示されている物品の売買または役務の授受，㈻決済金額が外国通貨で表示されている資金の借入または貸付，㈸券面額が外国通貨で表示されている社債の発行，㈺外国通貨による前渡金，仮払金の支払いまたは前受金，仮受金の受入れ及び㈹決済金額が外国通貨で表示されているデリバティブ取引等が含まれる。なお，国内の製造業者等が商社等を通じて輸出入取引を行う場合であっても，当該輸出入取引によって商社等に生ずる為替差損益を製造業者等が負担する等のため実質的に取引価額が外国通貨で表示されている取引と同等とみなされるものは，外貨建取引に該当する。

(2) 取引発生時の処理

外貨建取引は，原則として，当該取引発生時の為替相場による円換算額をもって記録する。取引発生時の為替相場としては，取引が発生した日における直物為替相場または合理的な基礎にもとづいて算定された平均相場による。

(3) 決算時の処理

外国通貨，外貨建金銭債権債務，外貨建有価証券及び外貨建デリバティブ取引等の金融商品については，決算時において，原則として，次の処理を行う。

ただし，外貨建金銭債権債務と為替予約等との関係が金融商品会計基準におけるヘッジ会計の要件を満たしている場合には，当該外貨建金銭債権債務等についてヘッジ会計を適用することができる。

① 外貨通貨

外貨通貨については，決算時の為替相場（CR）による円換算額を付する。

② 外貨建金銭債権債務（外貨預金を含む）

外貨建金銭債権債務とは，契約上の債権額または債務額が外国通貨で表示されている金銭債権債務をいう。外貨建金銭債権債務については，CRによる円

換算額を付する。ただし，外貨建自社発行社債のうち転換請求期間満了前の転換社債（転換請求の可能性がないと認められるものを除く）については，発行時の為替相場（HR）による円換算額を付する。

　この換算方法は，外貨額では時価の変動リスクを負わず，したがって時価評価の対象とならないものであっても，円貨額では為替相場の変動リスクを負っていることを重視し，流動・非流動法による区分は設けずにCRにより換算することを原則としたものである。

③　外貨建有価証券

(イ)　満期保有目的の外貨建債権については，金銭債権との類似性を考慮して，CRによる円換算額を付する。なお，償却原価法を適用する場合における償却額は，外国通貨による償却額を期中平均相場により円換算額した額による。

(ロ)　売買目的有価証券及びその他有価証券については，その円貨額による時価評価額を求める過程としての換算であることから，外国通貨による時価をCRにより円換算した額を付する。

(ハ)　子会社株式及び関連会社株式については，HRによる円換算額を付する。

(ニ)　外貨建有価証券について時価の著しい下落または実質価額の著しい低下により評価額の引き下げが求められる場合には，当該外貨建有価証券の時価または実質価額は，外国通貨による時価または実質価額をCRにより円換算した額による。

④　デリバティブ取引等

　デリバティブ取引等①～③に掲げるもの以外の外貨建ての金融商品の時価評価においては，外国通貨による時価をCRにより円換算するものとする。

　また，決算時における換算によって生じた換算差額は，原則として，当期の為替差損益として処理する。この換算差額の処理方法は，外貨建取引の発生時点での取引と円決済取引を別の取引とみなし，為替差損益を営業外損益の1項

目とするもので，二取引基準と呼ばれる。

　二取引基準を採用した理由には，第1に，外貨建取引に関する経営的処理の結果を会計情報として開示することは，経営者の意思決定過程の評価に役立つこと，第2に，次に述べる一取引基準は実務上その適用に困難性を伴うことが挙げられる[3]。

　これに対し，外貨建取引の発生から決済までの取引を連続した一取引とみなす方法もあり，これを一取引基準と呼ぶ。一取引基準によれば，取引発生時点から決済時点までの為替相場の変動による換算差額は，取引の関連項目の金額に吸収させることになる。一取引基準は，外貨建取引では為替相場を考慮した円決済額を見込んで取引を行っている点から，為替変動による損益も当該取引の関連項目に反映させるべきであるという考え方にもとづくものであるが，円決済されるまで外貨建取引の関連項目の金額が確定できないという問題点がある[4]。

　有価証券の時価の著しい下落または実質価額の著しい低下により，CRによる換算を行ったことによって生じた換算差額は，当期の有価証券の評価損として処理する。また，金融商品会計基準による時価評価に係る評価差額に含まれる換算差額については，原則として，当該差額に関する処理方法に従う。

　なお，その他有価証券の属する債権については，外国通貨による時価をCRで換算した金額のうち，外国通貨による時価の変動に係る換算差額を評価差額とし，それ以外の換算差額については為替差損益として処理することができる。

　外貨建金銭債権債務の決済（外国通貨の円転換を含む）に伴って生じた損益は，原則として，当期の為替差損益として処理する。

　以上が，現行の外貨建取引等会計処理基準にもとづく換算方法であるが，外貨建資産負債の換算については，従来，貨幣・非貨幣法に流動・非流動法を加味した考え方を採用してきた。すなわち，貨幣項目の換算については，為替相場の変動が企業会計に与えている暫定的な影響（換算差額）も認識する考え方を原則としつつ，回収または弁済の期限が決算日の翌日から起算して1年を超える金銭債権債務については，その為替相場の変動の確定的な影響（為替決済

損益）が短期的には発生しないことを考慮し，為替換算による暫定的な為替相場の影響を認識しないこととしている。非貨幣項目については，有価証券に低価基準を適用する場合以外は，決算時において取引発生時点の為替相場を換算替えしないこととしている。

　つまり，原価評価を基本とした従来の評価基準の枠組みのなかで，貨幣項目については，決済時までの期間に係る為替相場の変動の不確実性を考慮しつつ，為替相場の変動をなるべく財務諸表に反映させる考え方であった。

　平成11年の改訂では，金融商品会計基準の考え方との整合性等を考慮した結果，為替相場の変動を財務諸表に反映させることを重視する観点から，前述したような換算方法を採用することになった。

(4) 為替予約の会計処理

　外貨建取引は，その代金を決済するにあたり，為替レートの変動による影響を受ける可能性があり，このようなリスクを回避するため，決算時点での為替レートをあらかじめ約定しておく取引があり，これを為替予約という。為替予約には，外貨建取引ごとに個々の為替予約を付す個別予約と，外貨建取引の決済約定の状況に応じ，一定期間ごとの決済見込額の全部または一部について包括的に為替予約を付す包括予約がある。通貨先物，通貨スワップ及び通貨オプションについても，為替予約と同様の会計処理が行われる。

　ヘッジ会計を適用する場合には，金融商品会計基準におけるヘッジ会計の方法による他，当分の間，為替予約等により確定する決済時における円貨額により外貨建取引および金銭債権債務等を換算し直物為替相場との差額を期間配分する方法（以下，「振当処理」という）によることができる。

　外貨建金銭債権債務等に係る為替予約等の振当処理（当該為替予約等が物品の売買または役務の授受に係る外貨建金銭債権債務に対して，取引発生時以前に締結されたものである場合を除く）においては，当該金銭債権債務等の取得時または発生時の為替相場（決算時の為替相場を付した場合には当該決算時の為替相場）による円換算額と為替予約等による円貨額との差額のうち，予約等

の締結時までに生じている為替相場の変動による額は予約日の属する期の損益として処理し、残額は予約日の属する期から決算日の属する期までの期間にわたって合理的な方法により配分し、各期の損益として処理する。ただし、当該残額について重要性が乏しい場合には、当該残額を予約日の属する期の損益として処理することができる。

取得時または発生時の為替相場による円換算額と為替予約等による円換算額との差額のうち、次期以降に配分される額は、貸借対照表上、資産の部または負債の部に記載する。

決算時の直物為替相場としては、決算日の直物為替相場の他、決算日の前後一定期間の直物為替相場にもとづいて算出された平均相場を用いることができる。

なお、国際会計基準及び米国会計基準において、ヘッジ会計の適用は当然認められるが、振当処理は認められてない。

3 在外支店の財務諸表項目の換算

在外支店における外貨建取引については、原則として、本店と同様に処理し、いわゆる本国主義を採用している。ただし、外国通貨で表示されている在外支店の財務諸表にもとづき本支店合併財務諸表を作成する場合には、在外支店の財務諸表について次の方法によることができるとされている。なお、在外支店において外国通貨で表示されている棚卸資産について低価基準を適用する場合または時価の著しい下落により評価額の引き下げが求められる場合には、外国通貨による時価または実質価額を決算時の為替相場により円換算した額による。

① 収益及び費用の換算の特例

収益及び費用(収益性負債の収益化額及び費用性資産の費用化額を除く)の換算については、期中平均相場によることができる。この期中平均相場には、当該収益及び費用が帰属する月または半期等を算定期間とする平均相場（A

R）を用いることができる。

② 外貨表示財務諸表項目の換算の特例

　在外支店の外国通貨で表示された財務諸表項目の換算にあたり，非貨幣性項目の額に重要性がない場合には，すべての貸借対照表項目（支店における本店勘定等を除く）についてＣＲによる円換算額を付する方法を適用することができる。この場合において，損益項目についてもＣＲの為替相場によることを妨げない。

　つまり，通貨及び金銭債権債務，有価証券については本店と同様の換算基準を用い，非貨幣性項目については原則テンポラル法，特例でＣＲ換算，収益及び費用については原則計上時の為替相場またはＡＲ換算，特例で計上時の為替相場，ＡＲまたはＣＲ換算となる。

　また，本店と異なる方法により換算することによって生じた換算差額は，当期の為替差損益として処理する。

4　在外子会社等の財務諸表項目の換算

　連結財務諸表の作成または持分法の適用にあたり，外国にある子会社または関連会社の外国通貨で表示されている財務諸表項目の換算は，基本的に決算日レート（ＣＲ）法によるとされる。

　資産及び負債については，ＣＲによる円換算額を付する。親会社による株式の取得時における資本に属する項目については，株式取得時の為替相場（ＨＲ）による円換算額を付する。親会社による株式の取得後に生じた資本に属する項目については，当該項目の発生時の為替相場（ＨＲ）による円換算額を付する。

　費用及び収益については，原則としてＡＲによる円換算額を付する。ただし，ＣＲによる円換算額を付することも妨げないとされている。なお，親会社との取引による収益及び費用の換算については，親会社が換算に用いる為替相場に

よる。この場合に生ずる差額は当期の為替差損益として処理する。

　換算によって生じた換算差額については，為替換算調整勘定として貸借対照表の資本の部に記載される。子会社に対する持分への投資をヘッジ対象としたヘッジ手段から生じた為替換算差額については，為替換算調整勘定に含めて処理する方法を採用することができる。

　為替換算調整勘定を資本の部に直接計上する方法は，その他有価証券に係る評価差額を損益計算書を経由しないいわゆる損益計算書外持分特殊項目が導入されたことに伴うものであり，ＦＡＳ第52号，ＩＦＲＳ第21号等と同様の処理である[5]。

　以前は，為替換算調整勘定を，貸借対照表上，資産の部または負債の部に記載するとしていたが，現行と以前の処理方法の違いは，換算後の子会社等の資本の額として，取得時または発生時の為替相場により換算した資本項目の総額を重視するか，決算時の為替相場により換算した資産・負債の差額を重視するかというもので，現行基準では前者の立場を採用していることになるといえる。

　ちなみに，在外活動の分類については，わが国の場合，前述したように，在外支店と在外子会社に分類し，法律的な視点によるが，国際会計基準及び米国会計基準では，機能通貨アプローチにより，在外活動の機能通貨が報告通貨と一致するかどうかによる。

注

1）　加古宜士『財務会計概論（第2版）』中央経済社，1999年，245頁。
2）　広瀬義州『財務会計（第4版）』中央経済社，2003年，491頁。
3）　武田隆二『最新財務諸表論（第6版）』中央経済社，2000年，538頁。
4）　広瀬義州編著『New Concept 日商簿記検定試験 1級会計学』税務経理協会，1998年，243−244頁。
5）　前掲，『財務会計（第4版）』，529頁参照。

参 考 文 献

青木茂男・大塚宗春『新版会計学総論』中央経済社，2004年。
朝日監査法人編『金融商品会計の実務』東洋経済新報社，2001年。
新井清光『現代会計学（第3版）』中央経済社，1991年。
新井清光『新版財務会計論』中央経済社，1997年。
飯野利夫『財務会計論（三訂版）』同文舘，1997年。
伊藤邦雄『現代会計入門』日本経済新聞社，1998年。
伊藤真・花田重典・荻原正佳編著『金融商品会計の完全解説』財経詳報社，
　　2001年。
居林次雄『改正商法重点逐条解説』税務経理協会，2002年。
今福愛志・五十嵐則夫編著『退職給付会計』中央経済社，2001年。
岩崎彰『税効果会計入門』日本経済新聞社，1999年。
岩崎彰『キャッシュフロー計算書の見方・作り方』日本経済新聞社，1999年。
岩崎勇『金融商品会計入門』税務経理協会，2001年。
岩﨑健久『現代財務諸表論』中央経済社，2002年。
岩﨑健久『現代会計・財政講義』中央経済社，2001年。
大倉雄次郎『新会計基準の会計と税務』税務経理協会，2003年。
太田昭和センチュリー編『退職給付会計』中央経済社，2000年。
大藪俊哉編『簿記テキスト』中央経済社，2000年。
岡本治雄『現代会計の基礎研究（第2版）』中央経済社，2002年。
小栗崇資・熊谷重勝・陣内良昭・村井秀樹編『国際会計基準を考える：変わる
　　会計と経済』大月書店，2003年。
加古宜士『財務会計概論（第2版）』中央経済社，1999年。
監査法人トーマツ編『退職給付会計の実践』清文社，2001年。
菊谷正人・岡村勝義編『財務会計の入門講義』中央経済社，2004年。
木下德明『新会計基準による商法決算』中央経済社，2000年。

木原俊夫『確定給付企業年金法＋確定拠出年金法による退職給付会計入門』中央経済社，2001年。

小林伸行・藤原哲・市川克也『ひとめでわかる金融商品会計』東洋経済新報社，2001年。

斎藤静樹編『会計基準の基礎概念』中央経済社，2002年。

桜井久勝『財務会計講義（第5版）』中央経済社，2003年。

坂本道美編著『金融商品会計』中央経済社，2001年。

杉山学編『連結会計の基礎知識』中央経済社，2000年。

染谷恭次郎『現代財務会計（第10版）』中央経済社，1999年。

醍醐聡『会計学講義』東京大学出版会，1998年。

大西又裕『早わかり・会計制度改革のすべて』日本経済新聞社，1998年。

武田隆二『会計学一般教程（第6版）』中央経済社，2004年。

武田隆二『最新財務諸表論（第6版）』中央経済社，2000年。

田中久夫編『逐条解説・改正商法施行規則』税務経理協会，2003年。

中田信正『税効果会計詳解』中央経済社，1999年。

中村忠『新稿現代会計学』白桃書房，1995年。

中村忠編『財務会計の基礎知識（第2版）』中央経済社，1998年。

成瀬継男『会計理論の構造』中央経済社，2002年。

西川郁生『国際会計基準の知識』日本経済新聞社，2000年。

日本公認会計士協会訳『国際会計基準書2001』同文舘，2001年。

野村健太郎『連結財務諸表の知識（新版）』日本経済新聞社，1998年。

平松一夫・広瀬義州訳『ＦＡＳＢ財務会計の諸概念〔増補版〕』中央経済社，2004年。

広瀬義州編著『New Concept 日商簿記検定試験 1級会計学』税務経理協会，1998年。

広瀬義州『財務会計（第4版）』中央経済社，2001年。

松尾聿正『財務報告会計』中央経済社，2003年。

弥永真生・足田浩『税効果会計』中央経済社，1999年。

索　引

【あ】
圧縮記帳……………………………91
アップ・ストリーム取引 …………123

【い】
委員会等設置会社…………………6
一時差異 ……………………………141
一取引基準 …………………………193
１年基準(ワン・イヤー・ルール)……56
一括法 ………………………………119
一般原則……………………………39

【う】
売上割戻引当金……………………81

【え】
永久差異 ……………………………141
営業活動によるキャッシュ・フロー …129
営業権(のれん)……………………68
影響力基準 …………………………133

【お】
オプション取引 ……………………147
オペレーティング・リース取引 …180, 186
親会社 ………………………………109
親会社概念 …………………………107

【か】
外貨建金銭債権債務 ………………191
外貨建取引 …………………………190
外貨建取引等会計処理基準 ………189
外貨建有価証券 ……………………192
外貨通貨 ……………………………191
開業費………………………………73

【か】（続き）
会計基準変更時差異 ………………167
会計公準……………………………9
会計的な負債 ………………………77
回収可能価額 ………………………175
概念フレームワーク ………………10, 23
解約不能 ……………………………181
価格リスク …………………………152
確定給付型年金 ……………………161
確定拠出型年金 ……………………161
確定債務 ……………………………77
過去勤務債務 ………………………162
貸倒引当金 …………………………80
合併差益 ……………………………88
稼得資本 ……………………………92
稼得利益 ……………………………27
株式移転差益 ………………………86
株式交換差益 ………………………85
株式等評価差額金 …………………83
株式払込剰余金 ……………………85
株主持分 ……………………………81
株主持分変動計算書 ………………26
貨幣価値一定の公準 ………………12
貨幣性資産 …………………………57
貨幣的測定の公準 …………………12
貨幣・非貨幣分類 …………………57
貨幣・非貨幣法 ……………………190
為替換算調整勘定 …………………83, 197
為替予約 ……………………………194
為替リスク …………………………152
監査委員会 …………………………5
完全親会社 …………………………85
完全子会社 …………………………85
管理会計 ……………………………2
関連会社 ……………………………133

201

【き】

- 企業会計基準委員会……………………7
- 企業会計原則………………………………39
- 企業実体の公準……………………………11
- 期待運用収益相当額 ……………………164
- 期待キャッシュ・フロー…………………28
- キャッシュ・フロー・ヘッジ ………154
- 吸収分割差益………………………………87
- 金銭債権……………………………………58
- 勤務費用 …………………………………164
- 金融資産 …………………………………146
- 金融商品 …………………………………146
- 金融商品に係る会計基準 ………………145
- 金融負債 …………………………………146
- 金利リスク ………………………………152

【く】

- 繰延資産……………………………………71
- 繰延税金資産 ……………………………139
- 繰延税金負債 ……………………………139
- 繰延ヘッジ ………………………………154

【け】

- 経済的単一体概念 ………………………107
- 継続企業の公準……………………………11
- 継続性の原則 …………………………42, 45
- 決算日レート法 …………………………190
- 原因発生主義………………………………80
- 減価償却……………………………………66
- 研究開発費等に係る会計基準……………73
- 研究費及び開発費…………………………73
- 現金及び預金………………………………58
- 減資差益……………………………………91
- 建設利息……………………………………75
- 減損 ………………………………………172
- 減損の測定 ………………………………174
- 減損の兆候 ………………………………174
- 現物出資説…………………………………88

【こ】

- 工事負担金…………………………………91
- 工事補償引当金……………………………81
- 公正価値ヘッジ …………………………154
- 子会社 ………………………………109, 111
- 子会社株式及び関連会社株式 ………59, 61
- 国際会計基準委員会（IASC）……………8
- 国際会計基準審議会（IASB）……………8
- 国際財務報告基準（IFRS）………………29
- 国庫補助金…………………………………91
- 固定資産 ………………………………57, 64
- 固定資産の減損に係る会計基準 ………172
- 固定資産評価益……………………………92
- 固定負債……………………………………78
- 個別財務諸表基準性の原則………………44
- 子法人等 …………………………………111

【さ】

- 財産法………………………………………19
- 財団法人財務会計基準機構………………7
- 再調達原価…………………………………13
- 財務会計基準審議会（FASB）……………8
- 財務活動によるキャッシュ・フロー …129
- 財務構成要素アプローチ ………………149
- 財務諸表等規則……………………………7
- 財務諸表の構成要素…………………27, 31, 34
- 財務諸表の質的特徴………………………30
- 先物取引 …………………………………147
- 残余請求権…………………………………27

【し】

- 時価主義……………………………………13
- 時価ヘッジ ………………………………154
- 自己株式 ………………………………59, 83
- 自己資本……………………………………81
- 資産 ……………………………………54, 55
- 資産のグルーピング ……………………176
- 資産負債アプローチ………………………18

実現 ……………………………… 16, 17
実現可能概念 ………………………… 17
実現主義 ……………………………… 16
執行役 ………………………………… 5
実質優先主義 ………………………… 77
支配力基準 ………………………… 109
資本 …………………………………… 81
資本金 …………………………… 82, 84
資本金及び資本準備金減少差益 …… 91
資本準備金 …………………………… 85
資本剰余金 …………………………… 82
資本的支出 …………………………… 65
資本取引・損益取引区分の原則 …… 41
社債 …………………………………… 78
社債発行差金 ………………………… 74
社債発行費 …………………………… 74
収益 ……………………………… 31, 96
収益的支出 …………………………… 65
収益費用アプローチ ………………… 18
修繕引当金 …………………………… 81
重要性の原則 ……………………… 43, 45
受贈資本 ……………………………… 91
取得原価主義 ………………………… 12
純実現可能価額 ……………………… 13
純利益 ………………………………… 20
小会社 ………………………………… 6
使用価値 …………………………… 175
証券監督者国際機構（IOSCO）…… 29
条件付債務 …………………………… 77
少数株主損益勘定 ………………… 123
少数株主持分 …………………… 108, 119
情報会計 ……………………………… 2
商法計算書類規則 …………………… 4
商法施行規則 ………………………… 4
情報提供機能 ………………………… 3
商法特例法 …………………………… 5
正味実現可能価額 …………………… 13
正味売却価額 ……………………… 175

賞与引当金 …………………………… 81
将来キャッシュ・フロー ……… 28, 174
将来の経済的便益 …………………… 55
人格合一説 …………………………… 88
新株発行費等 ………………………… 74
新株予約権（ワラント）…………… 78
新株予約権付社債 …………………… 78
真実性の原則 ……………………… 40, 44
新設分割差益 ………………………… 87
信頼性 ………………………………… 34

【す】

数理計算上の差異 ………………… 162
スワップ取引 ……………………… 147

【せ】

正規の簿記の原則 ………………… 40
正常営業循環基準 ……………… 56, 77
静態論（静的貸借対照表論）……… 47
制度会計 ……………………………… 2
製品保証引当金 ……………………… 81
潜在株式調整後1株当たり当期
　純利益等 ………………………… 53
全面時価評価法 …………………… 118

【そ】

総資本 ………………………………… 81
相対的真実 …………………………… 40
創立費 ………………………………… 72
測定 ……………………………… 12, 32
その他の包括利益 …………………… 20
その他有価証券 ………………… 59, 61
その他有価証券評価差額金 ……… 83
ソフトウェア ………………………… 69
損益計算書 …………………………… 96
損益計算書外持分特殊項目 …… 21, 62
損益計算書原則 ……………………… 96
損益法 ………………………………… 19

【た】

- 大会社 ································ 6
- 貸借対照表 ························· 47
- 貸借対照表原則 ··················· 47
- 退職給付 ··························· 160
- 退職給付債務 ···················· 162
- 退職給付に係る会計基準 ······ 159
- 退職給付引当金 ············ 81, 164
- 退職給付費用 ···················· 164
- ダウン・ストリーム取引 ······ 123
- 棚卸資産 ···························· 62
- 他人資本 ···························· 81
- 単位株制度 ························· 84
- 単一性の原則 ······················ 43
- 段階法 ······························ 118
- 単元株制度 ························· 84

【ち】

- 遅延認識 ··························· 168
- 中会社 ································ 6

【て】

- 低価主義 ···························· 14
- デリバティブ ···················· 146
- デリバティブ取引 ······· 150, 192
- テンポラル法 ···················· 190

【と】

- 当期業績主義 ······················ 96
- 当座預金 ···························· 58
- 投資活動によるキャッシュ・フロー ··· 129
- 投資その他の資産 ················ 70
- 動態論(動的貸借対照表論) ····· 47
- 特別修繕引当金 ··················· 81
- 土地再評価差額金 ················ 83
- 取替原価 ···························· 13
- 取締役会 ····························· 5

【な】

- 内的な整合性 ······················ 34

【に】

- 2005年問題 ························· 29
- 二取引基準 ······················· 193
- 任意積立金 ························· 93
- 認識 ···························· 12, 32

【ね】

- 年金資産 ····················· 163, 165

【の】

- ノーウォーク合意 ················ 30
- のれん ······························ 176

【は】

- 配当可能利益の限度額の計算 ··· 93
- 売買目的有価証券 ··········· 59, 60
- 発生主義 ···························· 15
- 払込資本 ···························· 83

【ひ】

- 非貨幣性資産 ······················ 57
- 引当金 ······························· 79
- 1株当たり純資産額 ············· 53
- 1株当たり当期純利益等 ······· 52
- 費用 ·· 31, 96
- 評価替資本 ························· 92
- 評価性引当金 ······················ 80
- 費用収益対応の原則 ············· 14
- 非連結子会社 ···················· 110

【ふ】

- ファイナンス・リース取引 ··· 180, 182, 185
- 負債 ·································· 75
- 負債性引当金 ······················ 81
- 部分時価評価法 ················· 117

索　引

【ふ】

フルペイアウト ……………………181
分割差益 ……………………………86

【へ】

ヘッジ会計 …………………………152
返品調整引当金 ……………………81

【ほ】

包括主義 ……………………………97
包括利益 ……………………………19
包括利益計算書 ……………………26
法人税等調整額 ……………………138
法定資本 ……………………………81
法定準備金 …………………………83
保険差益 ……………………………92
保守主義の原則 ……………………42

【ま】

満期保有目的の債券 ……………59,60

【み】

未処分利益 …………………………93
未処理損失 …………………………93
見積キャッシュ・フロー …………28
みなし大会社 ………………………6
未認識過去勤務債務 ………………162
未認識数理計算上の差異 …………163

【む】

無形固定資産 ………………………67

【め】

明瞭性の原則 ……………………41,44

【も】

持株基準 ……………………………109
持分商品 ……………………………147
持分法 ………………………………133
持分法適用会社 ……………………133

【や】

役員退職慰労金 ……………………161

【ゆ】

有価証券 ……………………………59
有価証券届出書 ……………………7
有価証券報告書 ……………………7
有形固定資産 ………………………64

【よ】

用役潜在能力（サービス・ポテン
　シャルズ） ………………………54

【り】

リース取引に係る会計基準 ………179
リース料 ……………………………179
利益準備金 …………………………92
利益剰余金 …………………………82
利害調整機能 ………………………3
リスク・経済価値アプローチ ……148
利息費用 ……………………………164
利得 …………………………………27
流動・固定分類 ……………………56
流動資産 ……………………………56
流動・非流動法 ……………………190
流動負債 ……………………………77

【れ】

レッサー ……………………………179
レッシー ……………………………179
連結会社 ……………………………109
連結基礎概念 ………………………107
連結キャッシュ・フロー計算書 …127
連結決算日 …………………………113
連結子会社 …………………………112
連結子法人等 ………………………112
連結財務諸表規則 ………………6,106
連結財務諸表原則 ……………43,106

連結財務諸表原則の一般原則……………43	連結調整勘定 ………………………………119
連結剰余金計算書 …………………………125	連結調整勘定の償却 ………………………124
連結損益計算書 ……………………………121	連結特例規定会社 …………………………112
連結貸借対照表 ……………………………114	連結の範囲 …………………………………109

《著者紹介》

岩﨑　健久（いわさき　たけひさ）

1962年	宮城県生まれ
1986年	早稲田大学理工学部応用化学科卒業
1995年	筑波大学大学院博士課程社会科学研究科法学専攻修了
1995年	法学博士（筑波大学）
現　在	帝京大学教授（経済学部・大学院経済学研究科）
	公認会計士（日本公認会計士協会東京会）
	税理士（東京税理士会）

主要著書

『税制新論』木鐸社，1998年。
『財政新論』木鐸社，2000年。
『現代会計・財政講義』中央経済社，2001年。
『現代財務諸表論』中央経済社，2002年。
『最新簿記のエッセンス』（共著）中央経済社，2002年。
『現代会計監査論』税務経理協会，2003年。
『税法講義』税務経理協会，2004年。

著者との契約により検印省略

平成17年5月1日　初版発行

財務会計概説

著　者	岩﨑　健久
発行者	大坪　嘉春
印刷所	税経印刷株式会社
製本所	株式会社 三森製本所

発行所　東京都新宿区下落合2丁目5番13号　株式会社 税務経理協会
郵便番号 161-0033　振替 00190-2-187408　電話(03)3953-3301（編集部）
FAX(03)3565-3391　　　　　　　　　(03)3953-3325（営業部）
URL http://www.zeikei.co.jp/
乱丁・落丁の場合はお取替えいたします。

Ⓒ岩﨑健久　2005　　　　　　　　　Printed in Japan

本書の内容の一部又は全部を無断で複写複製（コピー）することは，法律で認められた場合を除き，著者及び出版社の権利侵害となりますので，コピーの必要がある場合は，予め当社あて許諾を求めて下さい。

ISBN4-419-04537-X　C1063